CINQUIEME RECUEIL
DE
NOUVELLES PIECES
FUGITIVES
DE
MR. DE VOLTAIRE.

À GENEVE,
ET SE TROUVE À PARIS,
CHEZ DUCHESNE RUE S. JACQUES
AU TEMPLE DU GOUT.

M DCC LXII.

CONVERSATION
DE
MR. L'INTENDANT
DES
MENUS, EN EXERCICE
AVEC
MR. L'ABBÉ GRISEL.

AVERTISSEMENT.

Pour bien entendre cette Conversation il faut sçavoir que Mlle. Clairon, *Actrice de la Comedie Françoise avait un Procès au Parlement*, Mr. le Dain *Avocat de son Adversaire, traita dans son Discours, les Comediens* d'infames selon l'ordre des Loix. Mr. Hüerne *Avocat de* Mlle. Clairon *repliqua par un Discours des plus vifs en faveur des Comediens. Le Parlement à fait bruler le Discours de* Mr. Hüerne *par la main du Bourreau, mais* Mr. le Duc de Choiseul *l'a recompensé, d'une Place, qui vaut 4000 Livres par An.*

CONVERSATION DE MR. L'INTENDANT DES MENUS EN EXCERCICE AVEC MR. L'ABBÉ GRISEL.

Il y a quelque tems qu'un Jurisconsulte de l'ordre des Avocats avoit eté consulté par une Personne de l'ordre des Comediens pour sçavoir à quel point on doit fletrir ceux qui ont une belle voix, de gestes nobles, du sentiment, du gout & tous les talens necessaires pour parler en public, l'Avocat examina l'affaire dans l'ordre des Loix. L'ordre des convulsionnaires ayant deferé cet ouvrage a l'ordre de la grande chambre siegeant a Paris; cette a decernè un ordre a son Bourreau de bruler la Consultation, comme un mandement d'Eveque ou comme un livre de Jesuite. Je me flatte qu'elle fera même honneur a la petite Converſation de Mr. l'Intendant des Menus en Exercice & de Mr. l'Abbé Griſel. Je fus preſent a cette Converſation. Je l'ai fidelement recueillie & en voici un petit precis que chaque lecteur de l'ordre de ceux qui ont le ſens commun peut etendre a ſon gré.

Je ſupoſe diſoit l'Intendant des Menus a l'Abbé Griſel que nous n'euſſions jamais entendu parler de Comedie avant Louis XIV. je ſupoſe que ce Prince eut eté le premier qui eut donné des Spectacles, qu'il eut fait compoſer *Cinna, Athalie & le Miſantrope*, qu'il les eut fait repreſenter par des Seigneurs & des Dames devant tous les Ambaſſadeurs de l'Europe; je demande, s'il ſeroit tombé dans l'eſprit du curé la Chetardie ou du curé Fautin connus tous deux par les memes Avantures, ou d'un ſeul autre curé, ou d'un mal habitué, ou d'un ſeul moine d'excommunier ces Seigneurs & ces Dames & Louis XIV. lui même, de leur refuſer le Sacrament de Mariage & la ſepulture?

Non ſans doute, dit l'Abbé Griſel, une ſi abſurde impertinence n'auroit paſſé par la tête de perſonne.

Je vais plus loin, dit l'Intendant des menus; quand Louis XIV. danſa avec tant de jeunes Seigneurs de ſon âge dans la ſalle des thuilleries, penſés vous qu'ils ayent eté excommuniés?

Vous vous moqués de moi dit l'Abbé Griſel, nous ſom-

ſommes bien bêtes, je l'avoue, mais nous ne le ſommes pas aſſés pour imaginer une telle ſotiſe.

Mais, dit l'Intendant, vous avés du moins excommunié le pieux Abbé *d'Aubignac*, le Pere *le Baſſu* Superieur de la Ste Genevieve, le Pere *Rapin*, l'Abbé *Gravina*, le Pere *Brumoy* Me. *Dacier*, tous ceux qui ont d'aprés Ariſtote enſeigné l'art de la tragedie & de l'epopée!

On n'eſt pas encor tombé dans cet excès de Barbarie, repartit Griſel: il eſt vray que l'Abbè de la Coſte Mr. de la Solle & l'Auteur des nouvelles eccleſiaſtiques pretendent que la Declamation, la muſique & la danſe ſont un peché mortel, qu'il n'a été permis a David de danſer que devant l'arche, & qne de plus David, Louis XIV. & Louis XV. n'ont point danſé pour de l'arg nt, que l'Imperatrice n'a jamais chanté qu'en preſence de quelques Perſonnes de ſa Cour & qu'on ne ſe donne le plaiſir d'excommunier que ceux, qui gagnent quelque choſe a parler ou a chanter ou a danſer en public.

Il eſt donc clair, dit l'Intendant, que s'il y avoit eu un impôt ſous le nom des Menus mis ſur les plaiſirs du Roy & que cet impôt eut ſervi a payer les frais des Spectacles de S. M. le Roy en couteroit la peine de l'excommunication ſelon le bon plaiſir de tout prêtre qui voudroit bien lancer cette belle foudre ſur la Tête de S. M. tres chrétienne.

Vous nous embarrassés beaucoup, dit Grisel.

Je veux vous pousser, dit le Menus; non seulement Louis XIV. mais le *Cardinal Mazarin*, le *Cardinal de Richelieu*, *l'Archeveque Trissino*, le *Pape Leon* depenserent beaucoup à faire jouer des tragedies, des Comedies, & des Operas, les peuples contribuerent a ces depenses. Je ne trouve pourtant pas dans l'histoire de l'Eglise qu'aucun Vicaire de St. Sulpice ait excommunié pour cela le Pape Leon X. & ses Cardinaux.

Pourquoi donc Mlle *le Couvreur* a-t-elle été portée dans un fiacre au coin de la rue de Bourgogne? Pourquoi le St. *Romagnesi* acteur de notre troupe italienne, a-t-il été inhumé dans un grand chemin comme un ancien romain? Pourquoi une actrice des chœurs discordans de l'academie royale de musique, a-t-elle été trois jours daus sa cave? Pourquoi toutes ces personnes sont elles brulées a petit feu sans avoir de corps jusqu'au jour du jugement dernier, & brulées a tout jamais après ce jugement, quand elles auront retrouvé leur corps; c'est uniquement, dites vous, parce qu'on paye vingt sols au parterre;

Cependant ces vingt sols ne changent point l'espece; les choses ne sont ni meilleures ni pires, soit qu'on les paye, soit qu'on les ait gratis, un *de Profundis* tire egalement une ame du purgatoire, soit qu'il soit chanté pour dix ecus en musique, soit qu'on

vous

vous le donne en faux bourdon pour 12 Sols, soit qu'on vous le psalmodie par charité; donc *Cinna* & *Athalie* ne sont pas plus diaboliques, quand ils sont representés pour 20 Sols, que quand le Roy veut bien en gratifier sa cour; ou si on n'a pas excommuniés L. XIV. quand il dansa pour son plaisir, ni l'Imperatrice, quand elle a joué un Operas, il ne paroit pas juste qu'on excommunie ceux qui donnent ce plaisir pour quelque argent avec la permission du Roy de France ou de l'Imperatrice.

L'Abbé Grisel sentit la force de cet argument. Il repondit ainsi: il y a des temperamens; tout depend sagement de la volonté arbitraire d'un curé ou d'un vicaire, nous sommes assés heureux & assés sages pour n'avoir en France aucune regle certaine, on n'osa pas enterrer l'illustre & inimitable *Moliere* dans la paroisse de St. Eustache, mais il eut le bonheur d'être porté dans la chapelle de St. Joseph selon notre belle & saine coutume de faire des charniers de nos temples; il est vrai que St. Eustache est un si grand saint qu'il n'y avoit pas moyen de faire porter chez lui par quatre habitués le corps de l'infame auteur du misantrope, mais enfin St. Joseph est une consolation, c'est toujours de la terre sainte, il y a une prodigieuse difference entre la terre sainte & la profane; la premiere est incomparable-

ment

ment plus legere; & puis tant vaut l'homme vaut ſa terre. Celle ou eſt *Moliere* y a gagné de la reputation, or cet homme ayant eté inhumé dans une chapelle ne peut-être damné comme Mlle *le Couvreur* & *Romagneſi* qui ſont ſur les chemins; peut-être eſt il en purgatoire pour avoir fait le Tartuffe; je n'en voudrois pas jurer, mais je ſuis ſûr du ſalut de Jean Baptiſte Lully, violon de Mlle, muſicien du Roy, ſurintendant de la muſique du Roy, qui joua dans Cariſelli & dans Pourceaugnac & qui de plus étoit Florentin, celui là eſt monté au ciel comme j'y monterai, cela eſt clair; car il a un beau tombeau de marbre a St. Euſtache, il n'a pas tâté de la voyerie: il n'y a qu'heur & malheur dans ce monde, c'eſt ainſi que raiſonna Mr. l'Abbé Griſel & c'eſt puiſſamment raiſonner.

L'Intendant des menus qui ſçait l'hiſtoire, lui répliqua; vous avés entendu parler du R. P. *Girard*, il étoit ſorcier, cela eſt de fait, il eſt averé, qu'il enſorcela ſa penitente en lui donnant le fouet & tout doucement, de plus il ſoufla ſur elle comme font tous les ſorciers. Seize Juges déclarerent Girard magicien; cependant il fut enterré en terre ſainte; dites moi, pourquoi un homme qui eſt a la fois Jeſuite & ſorcier, a pourtant malgré ces deux titres les honneurs de la ſepulture & que Mlle *Clairon* ne les auroit pas, ſi elle avoit le malheur de mourir immediatte-

ment

ment, aprés avoir joué Pauline, laquelle Pauline ne ſort du theatre que pour s'aller faire baptiſer.

Je vous ai deja dit, repondit l'Abbé Griſel, que cela eſt arbitraire; j'enterrerois de tout mon cœur Mlle *Clairon* s'il y avoit un gros honoraire a gagner, mais il ſe peut, qu'il ſe trouve un curé qui faſſe le difficile; alors on ne s'aviſera pas de faire du fracas en ſa faveur & d'appeller comme d'abus au parlement; les acteurs de ſa Majeſté ſont d'ordinaire des citoyens nés de familles pauvres, leurs parens n'ont ni aſſez d'argent ni aſſez de credit pour gagner un procés; le public ne s'en ſoucie gueres; il jouit des talens de Mlle *le Couvreur* pendant ſa vie, & la laiſſa traiter comme un chien aprés ſa mort & ne fit qu'en rire.

L'exemple des ſorciers eſt beaucoup plus ſerieux, il etoit certain autre fois qu'il y avoit des ſorciers, il eſt certain aujourd'hui qu'il n'y en a point en depit des ſeize provencaux qui crurent *Girard* ſi habile. Cependant l'excomunication ſubſiſte toujours, tant pis pour vous, ſi vous manqués de ſorciers, nous n'irons pas changer nos rituels, parce que le monde a changé, nous ſommes, comme le medecin de Pourceaugnac, il nous faut un malade & nous le prenons ou nous pouvons. On excommunie auſſi les ſauterelles, il y en a, & j'avoue, qu'on continue a les fletrir, car elles s'en moquent, j'en ai vu des nuées en Picardie

cardie, il eſt trés dangereux d'offenſer de grandes compagnies & d'expoſer les foudres de l'Egliſe au mépris des perſonnes puiſſantes; mais pour trois ou quatre cens pauvres comediens repandus dans la France, il n'y a rien a craindre en les traitant comme les ſauterelles & comme ceux, qui nouent l'éguillette; je vais vous dire quelque choſe de plus fort, Mr. l'Intendant, n'êtes vous pas fils d'un fermier general?

Non Mr., dit l'Iintendant, mon oncle avoit cette place: mon pere étoit receveur général des finances & tous deux étoient Secretaires du Roy, ainſi que mon grand Pere;

Eh bien, repliqua Griſel, votre Oncle, votre pere & votre grand pere ſont excommuniés & anathematiſés, & damnés a tout jamais, & quiconque en doute eſt un impie, un monſtre, en un mot un philoſophe.

Le Menus a ce diſcours ne ſçut, s'il devoit rire ou battre l'Abbé Griſel, il prit le parti de rire, je voudrois bien Mr., dit il au Griſel, que vous me montraſſiés la bulle ou le Concile, qui damne les receveurs des finances & les adjudicataires des cinq groſſes fermes du Roy.

Je vous montrerai vingt conciles, dit Griſel, je vous ferai voir plus, je vous ferai lire dans l'Evangile, que tout receveur des deniers royaux eſt mis au rang des payens, & vous apprendrés par les anciennes

con-

constitutions qu'il ne leur etoit pas permis d'entrer dans l'Eglise aux premiers siecles, *sicut ethnicus & publicanus* est un passage assez connu. La loi de l'Eglise a eté invariable sur cet article. L'anathême porté contre les fermiers, contre les receveurs des douanes n'a jamais été revoqué, & vous voulés qu'on revoque celui qui á été lancé contre les acteurs qui jouoient encore dans les premiers siecles l'*Oedipe* de *Sophocle*, anatheme, qui subsiste contre ceux qui ne representent plus l'*Oedipe* de *Corneille*, commencés par tirer de l'enfer votre pere, votre grand pere & votre oncle & puis nous composerons avec la troupe de Sa Majesté.

Vous extravagués, Mr. Grisel, dit l'intendant, mon pere étoit seigneur de Paroisse, il est enterré dans sa chapelle: mon Oncle lui fit faire un mausolée de marbre aussi beau que celui de Lully; & si son curé lui avoit jamais parlé de l'*ethnicus* & du *publicanus*, il l'auroit fait mettre dans un cul de basse fosse: je veux bien croire que *St. Matthieu* a damné les employés des fermes aprés l'avoir été & qu'il se tenoient a la porte de l'Eglise dans les premiers tems, mais vous avouerés que personne aujourd'hui n'ose nous le dire en face & si nous sommes excommunié c'est *incognito*.

Justement, dit Grisel, vous y étes, on laisse *l'ethnicus & publicanus* dans l'Evangile, on n'ouvre point les

les anciens rituels, & on vit paisiblement avec les fermiers generaux, pourvu qu'ils donnent beaucoup d'argent, quand il rendent le pain beni.

Mr. l'intendant s'appaisa un peu, mais il ne pouvoit digerer *l'ethnicus & publicanus*; je vous prie, mon cher Grisel, dit-il de m'aprendre, pourquoi on a inseré cette satire dans vos livres, & pourquoi on nous traitoit si mal dans les premiers tems.

Cela est tout simple, dit Grisel; ceux qui prononçoient cette excomunication etoient des pauvres gens, dont les trois quarts etoient Juifs parmi lesquels il se mêla un quart de pauvres grecs. Les Romains étoient leur maitres, les receveurs des tributs étoient ou Romains ou choisis par les Romains, c'étoit un secret infallible, d'attirer a soi le petit peuple, que d'anathematiser les commis de la douane; on hait toujours des vainqueurs, des maitres & des commis; la populace couroit aprés des gens qui prechoient l'egalité, & qui damnoient messieurs des fermes criez au nom de Dieu contre les puissances, & contre les impots, vous aurés infailliblement la canaille pour vous, si on vous laisse faire, & quand vous aurés un assés grand nombre de canaille a vos ordres, alors il se trouvera des gens d'esprit qui lui mettront une selle sur le dos, un mords a la bouche, & qui monteront dessus pour renverser les Etats & les trônes, alors on bâtira un nouvel edifice, mais

on

on conſervera les premieres pierres, quoique bruttes & informes, parcequ'elles ont ſervi autrefois, & qu'elles ſont cheres aux peuples, on les encaſtrera proprement avec les nouveaux marbres, avec les pierreries & l'or qui ſeront prodigués, & il y aura même toujours de vieux antiquaires qui prefereront les anciens cailloux aux marbres nouveaux.

C'eſt la, Monſieur l'hiſtoire ſuccincte de ce qui eſt arrivé parmi nous, la France a eté long tems barbare, & aujourd'hui qu'elle commence a ſe civiliſer, il y a encore des gens attachés a l'ancienne barbarie, nous avons par exemple un petit nombre de gens de bien qui voudroient priver les fermiers generaux de toutes leurs richeſſes condamnées dans l'evangile, & priver le public d'un art auſſi noble qu'innocent, que l'Evangile n'a jamais proſcrit, & dont aucun apôtre n'a jamais parlé, mais la ſaine partie du clergé laiſſe les financiers ſe damner en paix, & permet ſeulement qu'on excommunie les comediens pour la forme.

J'entends, dit l'intendant des menus; vous menagés les financiers, parce qu'ils vous donnent a diner, vous tombés ſur les comediens qui ne vous en donnent pas, mais Monſieur, oubliès vous que les comediens ſont gagés par le Roy, & que vous ne pouvez pas excommunier un Officier du Roy faiſant ſa charge, donc il ne vous eſt pas permis dexcommunier un Comedien du Roy, jouant *Cinna* & *Polieucte* par ordre du Roy.

Et ou avés vous pris, dit Grisel, que nous ne pouvons damner un Officier du Roy, c'est apparement dans vos libertés de l'Eglise gallicane; mais ne sçavés vous pas que nous excommunions les Rois eux mêmes, nous avons proscrit le grand *Henry XIV.* & *Henry III.* le pere du peuple, tandis qu'il convoquoit un Concile a Pise, & *Philippe le bel*, & *Philippe Auguste* & *Philippe I.* & le *St. Roy Robert*, quoi qu'il brulat des heretiques, sachés que nous sommes les maitres d'anathematiser tous les Princes, & de les faire mourir de mort subite, & aprés cela vous irés vous lamenter de ce que nous tombons sur quelques Prince de theâtre.

L'Intendant des menus un peu faché, lui coupa la parole, & lui dit, Monsieur, excommuniés mes maitres tant qu'il vous plaira, il sauront bien vous punir; mais songés, que c'est moi qui porte aux acteurs de Sa Majesté, l'ordre de venir se damner devant elle, s'ils sont hors du giron; je suis aussi hors du giron s'ils pêchent mortellement en faisant verser des larmes, à des hommes vertueux, dans des pieces vertueuses, c'est moi qui les fait pêcher: s'ils vont a tous les diables, c'est moi qui les y mene. Je reçois l'ordre des premiers gentils hommes de la chambre, ils sont plus coupables que moi, le Roi & la Reine qui ordon-

ordonnent qu'on les amuse, & qu'on les instruise, sont cent fois plus coupables encore, si vous retranchés du corps de l'Eglise les Soldats, il est sur que vous retranchés aussi les Officiers & les generaux, vous ne vous tirerez jamais de là, voyés s'il vous plait à quel point vous êtes absurde, vous souffrez que des citoyens au service de Sa Majesté soient jettés aux chiens, pendant qu'à Rome & dans tous les autres pays, on les traite honnêtement pendant leur vie & aprés leur mort.

Grisel repondit, ne voyés vous pas que c'est, parceque nous sommes un peuple grave, serieux, consequent, superieur en tout aux autres peuples. La moitié de Paris est convulsionaires; il faut que ces gens là en imposent a ces libertins qui se contentent d'obeïr au Roy qui ne controllent ni ses actions, ni ses écrits, qui aiment sa persone, qui lui payent avec allegresse de quoi soutenir la gloire de son trône, qui aprés avoir satisfaits a leurs devoirs, passent doucement leur vie, a cultiver les arts, qui respectent *Sophocle* & *Euripide*, & qui se damnent a vivre en honêtes gens.

Ce monde cy, s'il faut que j'en convienne, est un composé de fripons de fanatiques & d'imbeciles, parmi lesquels il y a un petit troupeau separé, qu'on apelle la bonne compagnie; ce petit troupeau etant riche, bien elevé, instruit, poli, est comme la fleur du genre humain, c'eſt pour lui, que les plaiſirs honêtes ſont faits, c'eſt pour lui plaire, que les plus grands hommes ont travaillé; c'eſt lui qui donne la reputation & pour vous dire tout, c'eſt lui, qui nous mépriſe, en nous faiſant politeſſe quand il nous rencontre. Nous tâchons tous de trouver accés auprés de ce petit nombre d'hommes choiſis, & depuis les Jeſuites juſqu'aux Capucins, depuis le Pere *Quesnel* juſqu'au marant qui fait la gazette ecclésiaſtique, nous nous plions en mille manieres pour avoir quelque credit ſur ce petit nombre, dont nous ne pouvons jamais être; ſi nous trouvons quelque Dame qui nous ecoute, nous lui perſuadons qu'il eſt eſſentiel, pour aller au ciel, d'avoir les joues pâles, & que le rouge deplait mortellement aux ſaints du Paradis. La Dame quitte le rouge & nous tirons de l'argent d'elle.

Nous aimons a prêcher, parce qu'on loue les chaiſes; mais comment voulés vous que les honêtes gens ecoutent un ennuyeux diſconrs diviſé en trois points, quand ils ont l'Eſprit rempli des beaux morceaux *de Cinna, de Polieucte, des Horaces, de Pompée, de Phedre & d'Atalie*, c'eſt la ce qui nous deſeſpere.

Nous entrons chez une Dame de qualité, nous demandons ce qu'on penſe du dernier ſermon du predicateur de St. Roch, le fils de la maiſon nous repond par une tirade de *Corneille*, avés vous lû l'Oeuvre des ſix jours, diſons nous, on nous replique qu'il qu'il y a une tragedie nouvelle, enfin, le temps approche, ou nous ne gouvernerons plus, que les disgraciés & la halle, cela donne de l'humeur, & alors on excommunie qui on peut.

Il n'en est pas ainsi a Rome, & dans les autres etats de l'Europe, quand on a chanté a St. Jean de Latran, ou a St. Pierre une belle messe a grands chœurs à quatres parties, & que vingts châtrés ont fredoné un motet, tout est dit, on va prendre le soir du chocolat a l'opera de St. Ambroise, & personne ne s'avise d'y trouver a redire; on se garde bien dexcommunier la Signora *Cuzzoni*, la Signora *Faustina*, la Signora *Barbarini*, encore moins le Signor *Farinelli* chevalier de Calatrava, & Acteur de l'Opera, qui a des Diamans gros comme mon pouce.

Les gens qui sont les maitres chez eux, ne sont jamais persecuteurs, voila pourquoi un Roy qui n'est pas contredit, est toujours un bon Roy, pour peu qu'il est le sens commun, il n'y a de mechans que les petits, qui cherchent a être les maitres, il n'y a que ceux la qui persecutent, pour se donner de la consideration, le Pape est assez puissant en Italie, pour n'avoir pas besoin d'excommunier d'honetes gens, qui ont des talens estimables; mais il est des animaux dans Paris aux cheveux plats, & a l'esprit de

 même,

même, qui font dans la neceſſité de ſe faire valoir, s'ils ne caballent pas, s'ils ne prêchent pas le rigoriſme, s'ils ne crient pas contre les beaux arts, ils ſe trouvent anéantis dans la foule, les paſſans ne regardent les chiens que quand ils aboyent, & on veut être regardé, tout eſt jalouſie de metier dans ce monde, je vous dis nôtre ſecret, ne me decelés pas, & faites moi le plaiſir de me donner une loge grillée a la premiere tragedie de Mr. *Colardo*.

Je vous le promets, dit l'intendant des menus, mais achevés de me revêler vos myſteres, pourquoi de tous ceux a qui j'ai parlé de cette affaire, n'y en a-t-il pas un qui ne convienne, que l'excommunication contre une ſocieté gagée par le Roy, eſt le comble de l'inſolence & du ridicule, & pourquoi, en même temps perſonne ne travaille-t-il a lever ce ſcandale?

Je crois vous avoir deja repondu, dit Griſel, en vous avouant, que tout eſt contradiction chez nous. La France a parler ſerieuſement, eſt le royaume de l'eſprit & de la ſottiſe, de l'induſtrie & de la pareſſe, de la philoſophie & du fanatiſme, de ſa gayeté & du pedantiſme des loix & des abus; du bon gout & de l'impertinence. La contradiction ridicule de la gloire de *Cinna*, & de linfamie de ceux qui repreſentent *Cinna*, le droit qu'ont les Evêques d'avoir un banc particulier aux repreſentations de *Cinna* & le droit d'anathematiſer les acteurs, l'auteur & les ſpectateurs, ſont

aſſu-

assurement une incompatibilité digne de la folie de ce peuple, mais trouvés moi dans le monde un établissement, qui ne soit pas contradictoire.

Dites moi, pourquoi les apôtres ayant tous eté circoncis, les quinze premiers evêques de Jerusalem ayant eté circoncis, vous n'étes pas circoncis, pourquoi la defense de manger du boudin, n'ayant jamais eté levée, vous mangés impunement du boudin, pourquoi les apôtres ayant gagné leur pain a travailler de leur mains, leurs successeurs regorgent de richesses & d'honneurs, pourquoi St. Joseph ayant eté charpentier & son divin fils ayant daigné être elevé dans ce metier, son Vicaire a chassé les Empereurs & s'est mis sans façon a leur place, pourquoi a-t-on excommunié, anathematisé pendant des siecles, ceux, qui disoient, que le St Esprit procede du pere & du fils, & pourquoi damne-t-on aujourd'hui ceux qui pensent le contraire; pourquoi est-il expressement defendu dans l'evangile de se remarier, quand on a fait casser son mariage & que nous permettons qu'on se remarie; dites moi; comment le meme mariage est annullé a Paris, & subsiste dans Avignon, & pour vous parler du theatre que vous aimés, expliqués nous, comment vous applaudisses a la brutale & factieuse insolence de Joas, qui fait couper la tête a Atalie, parce qu'elle vouloit elever le petit Joas chez elle, tandis que si un

prê-

prêtre osoit parmi nous attenter quelque chose de semblable contre les personnes du sang royal; il n'y a pas un citoyen parmi nous, excepté peut-être quelque Jesuite, qui ne le condamna au dernier supplice. N'est-ce pas encore une plaisante contradiction, de se faire petit a petit cent mille ecus de rentes, précisement, parce qu'on a fait vœu de pauvreté; n'est-ce pas de toutes les contradictions la plus impertinente, d'être d'une profession, & de laisser sa profession; d'avoir fait serment de servir le public, & de dire au public, nous nous tenons les bras croisés, nous renonçons à vous servir pour vous être utile; que diroit-on des chirurgiens de nos armées, s'ils refusoient de panser les blessés, pour soutenir l'honneur de l'ordre des chirurgiens? Parcourés nos loix, nos coutumes, nos usages, tout est egalement contradictoire.

Vous avés raison, dit l'intendant des menus; je vois clairement que nous sommes encore tres loin d'être nettoyés de l'ancienne rouïlle de la barbarie; laissons paisiblement subsister les vieilles sottises qui menacent ruine; elles tomberont d'elles mêmes, & nos petits enfans nous traiteront de bonnes gens, comme nous traitons nos peres d'imbeciles, laissons les tartuffes crier encore quelques années, & demain je vous mene a la comedie du Tartuffe.

Apres

Aprés cette converſation arriverent deux petits pédans a l'air empeſé, a la marche grave, à la tête large & creuſe, tout bouffés d'orgueil & de formalités, tous ſerieux, qui font des ſottiſes de ſang froid, gens, qui n'ont jamais lu ni *Ciceron*, ni *Demoſthéne*, ni *Sophocle*, ni *Euripide*, ni *Terence*, mais qui ſe croyent fort ſuperieurs a eux.

Nous dinâmes, on parla de la gloire de la France, & de ſa préeminence ſur les autres nations, & nous cherchames en quoi conſiſtoit cette ſuperiorité, j'oſai prendre alors la parole, & je dis; cette ſupériorité ne conſiſte pas dans nos loix, car a proprement parler nous n'avons pu encore en avoir de fixe depuis quatorze cens ans, nous n'avons que des coutumes trés conteſtées, ces coutumes changent de ville en ville, ainſi que les poids & les méſures; & une nation chéz laquelle ce qui eſt juſte vers la Seine, eſt injuſte vers le Rhône, ne peut guere ſe glorifier de ſes Loix.

Eſt-ce par nos decouvertes que nous l'emportons ſur les autres peuples, helas! c'eſt un Pilote Genois, qui a decouvert le nouveau monde; c'eſt un Allemand qui a inventé l'imprimerie; c'eſt un Italien a qui nous devons les lunettes, un Hollandois a inventé les pendules; un Italien a trouvé la peſanteur de l'air, un Anglois a decouvert les loix de la nature & nous n'avons inventé que les convulsions.

Brillons nous par la marine, par le commerce, par l'agriculture? Plut-a Dieu! Il faut esperer que nous profiterons quelque jour de l'exemple de nos voisins. Trouvés moi un art, un seul art, une seule science, dans laquelle nous n'ayons pas les maitres chez les nations étrangeres; avons nous pû seulement traduire en vers, les poetes grecs, & latins, que les Anglois & les Italiens ont si heureusement traduits?

Les convives se regarderent, ils conclurent que nous sommes mediocres presqu'en tout genre, & que ce n'est que dans l'art dramatique, que nous l'emportons sur toutes les nations du monde de l'aveu de ces nations même. Eh bien, dis-je alors aux deux pédans, le seul art, qui vous distingue, c'est donc le seul art, que vous voulés avilir, ils rougirent, ce qui leur arrive rarement;

Ils n'etoient pas encore partis, quand l'auteur de la Tragedie de *Varron*, arriva chez l'Intendant des menus; c'est un homme d'une ancienne noblesse, un brave Officier, couvert de blessures; la famille royale avoit redemandé sa pieçe: les premiers gentils hommes de la chambre avoient ordonné qu'on la jouat; & il venoit pour prendre quelques arrangemens, il trouva sur la cheminée le discours de M. *Estienne le Dain* * prononcé du coté du greffe & il tomba sur ces mots. *si l'auteur & l'acteur sont infâmes dans l'ordre des loix* &c.

Comment, mort d . . . dit-il, l'auteur d'une tragedie, un homme infâme, le *Cardinal de Richelieu* infâme, moi infâme, *Corneille* né gentil homme infâme; ou est le fat qui a dit cette sottise, je veux le voir l'epée à la main; Monsieur, lui dis-je, c'est un viel avocat nommé M. *le Dain*, a qui il faut pardonner.

Maitre le Dain! . . . . . ou est-il, que je lui coupe le nez & les deux oreilles; quel est donc ce Maître *le Dain;* il appartient bien à un vil praticien, à un supost de la chicane, à un roturier que je paye d'oser traiter d'infâmes, des gens de qualité, qui cultivent un art respectable, ou a-t-il appris que je suis declaré infâme dans l'ordre des loix, qu'il sçache qu'il n'y a rien de si infâme dans un

* C'est le discours du batonier des avocats prononcé au parlement contre les memoires de l'avocat de Mlle. *Clairon.*

un etat que des gens, qui originairement etoient nos esclaves, & qui veulent être aujourd'hui nos maitres, pour avoir très mal etudié les differentes coutumes etablies par nos ancêtres dans nos domaines.

Ne vous emportés pas, Mr, vous parlés comme du tems du gouvernement feodal, ce pauvre homme d'ailleurs est un imbécile, c'est maître *Abraham*, *Chaumeix* & *Maître Giuchat* qui out fait son discours prononcé du coté du greffe, il est bâtonnier, il n'a pas rempli le vœu de l'ordre des avocats comme il l'a dit, la plus saine partie des avocats s'est moqué de lui.

Bâtonnier? dit l'Officier, ah, ah, je le traiterai suivant toute l'etendue de sa charge, voila un plaisant animal avec le voeu de son ordre.

Il s'emporta long tems, nous lui dimes, pour l'appaiser, que quand un corps pousse le fanatisme aussi loin, il perd bientôt tout son credit; que ceux qui abusent du malheur des tems pour faire un parti, finissent par être écrasés, & qu'on perd toutes les prerogatives de son état, pour avoir voulu s'élever au dessus de son etat.

Je me moque reprit le gentilhomme de toutes leurs ſottiſes, & j'aſſomerai le premier qui m'appellera infame, je n'entends point raillerie; maître *le Dain*, & conſors auront affaire a moi; un des deux braves perſonnages qui avoit diné avec nous, lui dit, Monſieur, les voies de fait ſont defendû, pourvoyez vous devant la cour.

NB. Je rendrai compte inceſſamment de la ſuite de cette avanture, & en attendant je ſupplie inſtammant M. *le Dain* & conſors de vouloir bien me faire l'amitié de déferer cette converſation comme manifeſtement contraire au ſentiment du feu *Curé de St. Medard* & de celui *de St. Leu*, & comme tendante inſidieuſement a renouveller les anciennes opinions de *Ciceron* qui aimait tant *Roſcius*, de *Ceſar* & d'*Auguſte* qui faiſoit des Tragedies, de *Scipion* qui travailloit aux pieces de *Terence*, de *Pericles*, qui fit batir ce beau theatre d'Athenes & d'autres impies & belitres de l'antiquité, morts ſans ſacrements, comme dit le reverend pere *Garaſſe*.

Je me flatte, que Maître *le Dain*, Maître *Braillardet*, Maître *Griffonnier*, Maître *Phraſier*, aſſiſtés

de

de M. *Abraham Chaumeix* feront bruler inceſſamment les oeures de *Corneille,* par la main du bourreau, au bas de l'eſcalier du Palais, s'il fait beau tems, & ſur le perron d'en haut, ſi nous avons de la pluie.

NB. Si Monſieur l'Executeur des hautes œuvres avoit pour ſes honoraires un exemplaire de chaque livre, qu'il a brulé, il auroit vrayment une jolie bibliotheque.

RE-

RECUEIL
DE
LETTRES DIVERSES
DE
MR. de V.

LETTTE
À MR. LE MARQUIS
ALBERGATTI CAPACELLI
SENATEUR DE BOULOGNE.

MONSIEUR,

Nous sommes unis par les mêmes goûts, nous cultivons les mêmes Arts ; & ces beaux Arts ont produit l'amitié dont vous m'honorez ; ce sont eux qui lient les ames bien nées, quand tout divise le reste des hommes.

J'ai sçu dès longtems, que les principaux Seigneurs de vos belles villes d'Italie se rassemblent souvent pour représenter sur des theâtres élevés avec goût, tantôt des ouvrages dramatiques Italiens, tantôt même les nôtres. C'est aussi ce, qu'ont fait quelquefois les Princes des maisons les plus augustes, & les plus puissantes ; c'est ce que l'esprit humain a jamais inventé de plus noble, & de plus utile pour former les mœurs & pour les polir ; c'est-là le chef-d'œu-

vre

vre de la ſociété; car, Monſieur, pendant que le commun des hommes eſt obligé de travailler aux Arts méchaniques, & que leur tems eſt heureuſement occupé, les Grands & les Riches ont le malheur d'être abandonnés à eux-mêmes, à l'ennui inſéparable de l'oiſiveté, au jeu plus funeſte que l'ennui, aux petites factions plus dangereuſes, que le jeu & que l'oiſiveté.

Vous êtes, Monſieur, un de ceux, qui ont rendu le plus de ſervice à l'eſprit humain, dans votre ville de Bologne, cette mere des Sciences; vous avez repréſenté à la campagne, ſur le théâtre de votre palais, plus d'une de nos pièces Françoiſes, élégamment traduites en vers Italiens: vous daignez traduire actuellement la Tragédie de *Tancrède*, & moi, qui vous imite de loin, j'aurai bientôt le plaiſir de voir repréſenter chez moi, la traduction d'une pièce de votre célébre *Goldoni*, que j'ai nommé, & que je nommerai toujours, le Peintre de la Nature; digne Réformateur de la Comédie Italienne, il en a banni les farces inſipides, les ſottiſes groſſières, lorsque nous les avions adoptées ſur quelques théâtres de Paris. Une choſe m'a frappé ſurtout dans les pièces de ce génie fécond, c'eſt, qu'elles finiſſent toutes par une moralité, qui rappelle le ſujet & l'intrigue de la pièce, & qui prouve, que ce ſujet & cette intrigue ſont faits pour rendre les hommes plus ſages & plus gens de bien.

Qu'eſt

Qu'eſt-ce en effet que la vraie Comédie? C'eſt l'art d'enſeigner la vertu & les bienſéances en action & en dialogues. Que l'éloquence du monologue eſt froide en comparaiſon! A-t-on jamais retenu une ſeule phraſe de trente ou quarante mille diſcours moraux? Et ne ſçait-on pas par cœur ces ſentences admirables, placées avec art dans des dialogues intéreſſans?

Homo ſum, humani nihil à me alienum puto.

Apprime in vita eſt utile, ut ne quid nimis.

Natura tu illi pater es, conſiliis ego. &c.

C'eſt ce qui fait un des grands mérites de Térence; c'eſt celui de nos bonnes Tragédies, de nos bonnes Comédies; elles n'ont pas produit une admiration ſtérile; elles ont ſouvent corrigé les hommes. J'ai vû un Prince pardonner une injure après une repréſentation de la clémence d'*Auguſte*. Une Princeſſe qui avoit mépriſé ſa mere, alla ſe jetter à ſes pieds en ſortant de la ſcène où *Rodope* demande pardon à ſa mere. Un homme connu ſe raccommoda avec ſa femme, en voyant *le Préjugé à la mode;* j'ai vu l'homme du monde le plus fier, devenir modeſte après la Comédie du *Glorieux:* & je pourrois citer plus de ſix fils de famille, que la Comédie de l'*Enfant Prodigue* a corrigés. Si les Financiers ne ſont plus groſſiers, ſi les Gens de Cour ne ſont plus de vains

Petits Maîtres, ſi les Médecins ont abjuré la robe, le bonnet, les conſultations en Latin, ſi quelques Pédans ſont devenus hommes, à qui en a-t-on l'obligation? Au théâtre, au ſeul théâtre.

Quelle pitié ne doit-on donc pas avoir de ceux, qui s'élevent contre ce premier art de la Littérature, qui s'imaginent, qu'on doit juger du théâtre d'aujourd'hui, par les tréteaux de nos ſiécles d'ignorance, & qui confondent les *Sophocles* & les *Ménandres*, les *Varius* & les *Térences*, avec les *Tabarins*, & les *Polichinelles!*

Mais que ceux-là ſont encore plus à plaindre, qui admettent les *Tabarins*, & les *Polichinelles*, & qui rejettent les *Polieuctes*, les *Athalies*, les *Zaïres*, & les *Alzires!* Ce ſont là de ces contradictions, où l'eſprit humain tombe tous les jours.

Pardonnons aux ſourds qui parlent contre la Muſique, aux aveugles, qui haïſſent la beauté; ce ſont moins des ennemis de la ſociété, conjurés pour en détruire la conſolation & le charme, que des malheureux, à qui la nature a refuſé des organes.

Nos vero dulces teneant ante omnia Muſæ.

J'ai eu le plaiſir de voir chez moi à la campagne, repréſenter *Alzire*, cette Tragédie où le Chriſtianiſme & les droits de l'humanité triomphent également. J'ai vû dans *Mérope* l'amour maternel faire répan-

répandre des larmes ſans le ſecours de l'amour galant. Ces ſujets remuent l'ame la plus groſſière, comme la plus dèlicate; & ſi le peuple aſſiſtoit à des ſpectacles honnêtes, il y auroit bien moins d'ames groſſières & dures C'eſt ce qui fit des Athéniens une Nation ſi ſupérieure. Les Ouvriers n'alloient point porter à des farces indécentes l'argent, qui devoit nourrir leurs familles; mais les Magiſtrats appelloient, dans des fètes célébres, la Nation entiere à des repréſentations, qui enſeignoient la vertu & l'amour de la Patrie; les ſpectacles, que nous donnons chez nous, ſont une bien plus foible imitation de cette magnificeuce; mais enfin, elles en retracent quelque idée; c'eſt la plus belle éducation qu'on puiſſe donner à la jeuneſſe, le plus noble délaſſement du travail. la meilleure inſtruction pour tous les ordres des Citoyens. C'eſt preſque la ſeule maniere d'aſſembler les hommes pour les rendre ſociables.

Emollit mores, nec ſinit eſſe feros

Auſſi, je ne me laſſerai point de répeter, que parmi vous, le Pape *Leon X*, l'Archevêque *Triſſino*, le Cardinal *Bibiena*, & parmi nous les Cardinaux de *Richelieu*, & *Mazarin*, reſſuſciterent la ſcéne; ils ſçavoient, qu'il vaut mieux voir *l'Oedipe* de *Sophocle*, que de perdre au jeu la nourriture de ſes enfans,

 ſon

ſon tems dans un caffé, ſa raiſon dans un cabaret, ſa ſanté dans des réduits de débauche, & toute la douceur de ſa vie dans le beſoin & dans la privation des plaiſirs de l'eſprit.

Il feroit à ſouhaiter. Monſieur, que les Spectacles fuſſent dans les grandes Villes, ce qu'ils ſont dans vos terres & dans les miennes, & dans celles de tant d'Amateurs; qu'ils ne fuſſent point mercénaires; que ceux, qui ſont à le tête des gouvernemens, fiſſent ce que nous faiſons, & ce qu'on fait dans tant de Villes. C'eſt aux Ediles à donner les jeux publics; s'ils deviennent une marchandiſe, ils riſquent d'être avilis. Les hommes ne s'accoutument que trop à mépriſer les ſervices qu'ils payent. Alors l'intérêt plus fort encore que la jalouſie, enfante les cabales. Les *Claverets* cherchent à perdre les *Corneilles*; les *Pradons* veulent écraſer les *Racines*.

C'eſt une guerre toujours renaiſſante, dans laquelle la méchanceté, le ridicule, & la baſſeſſe, ſont ſans ceſſe ſous les armes.

Un Entreprenneur des ſpectacles de la Foire, tâche à Paris de miner les Comédiens qu'on nomme Italiens: ceux-ci veulent anéantir les Comédiens François par des parodies; les Comédiens François ſe défendent comme ils peuvent. L'Opéra eſt jaloux d'eux tous; chaque Compoſiteur a pour ennemis

mis tous les autres Compositeurs, & leurs Protecteurs, & les Maîtresses des Protecteurs.

Souvent pour empêcher une pièce nouvelle de paroître, pour la faire tomber au théâtre, & si elle réussit, pour la décrier à la lecture, & pour abimer l'Auteur; on employe plus d'intrigues que les *Wihgs* n'en ont tramé contre les *Toris*; les *Guelfes* contre les *Gibelins*, les *Molinistes* contre les *Jansenistes*, les *Cocceiens* contre les *Vœtiens*. &c. &c. &c.

Je sçais de science certaine, qu'on accusa *Phédre* d'être Janséniste. Comment (disoient les ennemis de l'auteur) sera-t-il permis de débiter à une Nation Chrêtienne ces maximes diaboliques?

Vous aimez, on ne peut vaincre sa destinée,
Par un charme fatal vous futes entraînée.

N'est-ce pas là évidemment un Juste à qui la Grace a manqué? J'ai entendu tenir ces propos dans mon enfance, non pas une fois, mais trente. On a vû une cabale de canailles, & un Abbé *Des F*..., à la tête de cette cabale, au sortir de Bissêtre, forcer le gouvernement à suspendre les représentations de *Mahomet*, joué par ordre du gouvernement; ils avoient pris pour prétexte, que dans cette Tragédie de *Mahomet*, il y avoit plusieurs traits contre ce faux Prophète, qui pouvoient réjaillir sur les Convulsionnaires; ainsi, ils eurent l'insolence

 d'emd'empêcher pour quelque tems les repréſentations d'un ouvrage dédié à un Pape, approuvé par un Pape.

Si Mr. de l'*Empirée,* Auteur de Province, eſt jaloux de quelques autres Auteurs, il ne manque pas d'aſſurer dans un long diſcours public, que Meſſieurs ſes rivaux ſont tous des ennemis de l'Etat & de l'Egliſe Gallicane. Bientôt *Arlequin* accuſera *Polichinelle* d'être Janſéniſte, Moliniſte, Calviniſte, Athée, collectivement.

Je ne ſçais, quels Ecrivains ſubalternes ſe ſont aviſés, dit-on, de faire un Journal Chrêtien, comme ſi les autres Journaux de l'Europe étoient idolâtres. Mr de *Ste. Foix*, Gentilhomme Breton, célébre par la charmante Comédie de l'*Oracle*, avoit fait un livre très-utile & très-agréable ſur pluſieurs points curieux de notre Hiſtoire de France. La plûpart de ces pétits Dictionnaires ne ſont que des extraits des ſçavans ouvrages du ſiécle paſſé. Celui-ci eſt d'un homme d'eſprit, qui a vû & penſé. Mais qu'eſt-il arrivé? Sa Comédie de l'*Oracle*, & ſes recherches ſur l'Hiſtoire, étoient ſi bonnes, que Mrs. du Journal Chrêtien l'ont accuſé de n'être pas Chrêtien. Il eſt vrai qu'ils ont eſſuyé un procès criminel, & qu'ils ont été obligés de demander pardon; mais rien ne rebute ces honnêtes gens.

La

La France fournissoit à l'Europe un Dictionnaire Encyclopédique dont l'utilité étoit reconnue. Une foule d'articles excellens rachetoient bien quelques endroits, qui n'étoient pas des mains des Maîtres. On le traduisoit dans votre langue; c'etoit un des plus grands monumens des progrès de l'esprit humain. Un Convulsionnaire s'avise d'écrire contre ce vaste dépôt des Sciences. Vous ignorez peut-être, Monsieur, ce que c'est qu'un Convulsionnaire; c'est un de ces Energumènes de la lie du Peuple, qui, pour prouver, qu'une certaine bulle d'un Pape est erronée, vont faire des miracles de grenier en grenier, rotissant des petites filles sans leur faire du mal, leur donnant des coups de buche & de fouët, pour l'amour de Dieu, & criant contre le Pape. Ce Monsieur Convulsionnaire se croit prédestiné, par la grace de Dieu, à détruire l'Encyclopédie; il accuse, selon l'usage, les Auteurs, de n'être pas Chrêtiens; il fait un illisible libelle en forme de dénonciation; il attaque à tort & à travers tout ce qu'il est incapable d'entendre. Ce pauvre homme s'imaginant, que l'article *Ame* de ce Dictionnaire n'a pû être composé, que par un homme d'esprit, & n'écoutant, que sa juste aversion pour les gens d'esprit, se persuade, que cet article doit absolument prouver le matérialisme de son ame; il dénonce donc cet article comme impie, comme Epicurien, enfin, comme ouvrage d'un Philosophe.

Il se trouve que l'article, loin d'être d'un Philosophe, est d'un Docteur en Théologie, qui établit l'immatérialité, la spiritualité, l'immortalité de l'ame de toutes ses forces; . . . . . . Il combat le matérialisme tant qu'il peut; il attaque même le systême de *Locke*, supposant que ce systême peut favoriser le matérialisme; . . . Notre Convulsionnaire défère donc cet article de l'*Ame*, & probablement sans l'avoir lû. Un Magistrat accablé d'affaires sérieuses, & trompé par ce malheureux, le croit sur sa parole, on demande la suppression du livre: on l'obtient, c'est-à dire, on trompe mille Souscripteurs, qui ont avancé leur argent, on ruine cinq ou six Libraires considérables, qui travailloient sur la foi d'un privilège du Roi, on détruit un objet de commerce de trois cens mille écus. Et d'où est venu tout ce grand bruit, & cette persécution? De ce, qu'il s'est trouvé un homme ignorant, orgueilleux, & passionné.

Voilà, Monsieur, ce qui s'est passé, je ne dis pas aux yeux de l'Univers, mais, au moins, aux yeux de tout Paris. Plusieurs avantures pareilles que nous voyons assez souvent, nous rendroient les plus méprisables de tous les peuples policés, si d'ail-

leurs

leurs nous n'étions pas assez aimables. Et dans ces belles querelles, les partis se cantonnent, les factions se heurtent, chaque parti a pour lui un folliculaire; (Faiseur de feuilles); maître *Aliboron*, par exemple, est le folliculaire de Mr. de l'*Empirée;* ce maître *Aliboron* ne manque pas de décrier tous ses camerades folliculaires, pour mieux débiter ses feuilles, l'un gagne à ce métier cent écus par an, l'autre mille, l'autre deux mille, ainsi l'on combat *pro focis.* Il faut bien que je vive, disoit l'Abbé *Des Fontaines* à un Ministre d'Etat; le Ministre eut beau lui dire, qu'il n'en voyoit pas la nécessité; *Des Fontaines* vécut; & tant qu'il y aura une pistole à gagner dans ce métier, il y aura des * * * * qui décrieront les beaux Arts & les bons Artistes.

L'envie veut mordre, l'intérêt veut gagner; c'est-là ce qui excita tant d'orages contre le *Tasse*, contre le *Guarini* en Italie, contre *Dryden*, & contre *Pope* en Angleterre, contre *Corneille*, *Racine*, *Moliére*, *Quinault*, en France. Que n'a point essuié de nos jours votre célébre *Goldoni*! & si vous remontez aux Romains & aux Grecs, voyez les Prologues de *Térence*, dans lesquels il apprend à la postérité, que les hommes de son tems étoient faits comme ceux du nôtre, *tutto l'mondo e fatto come' la nostra famiglia.* Mais remarquez, Monsieur, pour

la

la consolation des grands Artistes, que les persécuteurs sont assurés du mépris & de l'horreur du genre humain, & que les bons ouvrages demeurent. Où sont les écrits des ennemis de *Térence* & les feuilles des *Bavius* qui insultèrent *Virgile?* Où sont les impertinences des rivaux du *Tasse*, & des rivaux de *Corneille* & de *Molière?*

Qu'on est heureux, Monsieur, de ne point voir toutes ces misères, toutes ces indignités, & de cultiver en paix les arts d'*Apollon*, loin des *Marsias* & des *Midas!* Qu'il est doux de lire *Virgile* & *Homère*, en foulant à ses pieds les *Bavius* & les *Zoïles;* & de se nourrir d'ambroisie, quand l'envie mange des couleuvres,

Despréaux disoit autrefois en parlant de la rage des cabales.

Qui méprise Cotin, n'estime point son Roi,
Et n'a, selon Cotin, ni Dieu, ni foi, ni loi.

Le grand *Corneille*, c'est-à-dire, le premier homme, par qui la France littéraire commença à être estimée en Europe; fut obligé de répondre ainsi à ses ennemis littéraires, (car les Auteurs n'en ont point d'autres.) *Je déclare, que je soumets tous mes écrits au jugement de l'Eglise; je doute fort qu'ils en fassent autant.*

Je

Je prends la liberté de dire ici la même chose que le grand *Corneille*; & il m'est agréable de le dire à un Sénateur de la seconde Ville de l'Etat du St. Pere; il est doux encore de le dire dans des terres aussi voisines des Hérétiques que les miennes. Plus je suis rempli de charité pour leurs personnes & d'indulgence pour leurs erreurs, plus je suis ferme dans ma foi. Mes ouvrages sont *La Henriade*, qui peut-être ne déplairoit pas au Roi, qui en est le Héros, s'il revenoit dans le monde, & qui ne déplait pas au digne Hèritier de ce bon Roi. J'ai donné quelques Tragédies, médiocres à la vérité, mais qui toutes sont morales, & dont quelques unes sont Chrêtiennes; j'ai écrit l'histoire de *Louïs XIV.* dans laquelle j'ai célébré ma Nation sans la flatter; j'ai fait un Essai sur l'Histoire générale, dans lequel je n'ai eu d'autre intention, que de rendre une exacte justice à toutes les vertus, & à tous les vices; une Histoire de *Charles XII.* une de *Pierre le Grand*, fondées toutes les deux sur les monumens les plus autentiques; ajoutez-y une légère explication des découvertes de *Newton*, dans un temps où elles étoient très-peu connues en France. Ce sont là, s'il m'en souvient, à peu près tous mes véritables ouvrages, dont le seul mérite consiste dans l'amour de la vérité & de l'humanité.

Pres-

Presque tout le reste est un recueil de bagatelles, que les Libraires ont souvent imprimées sans ma participation. On donne tous les jours sous mon nom des choses, que je ne connois pas, Je ne réponds de rien. Si *Chapelain* a composé dans le siécle passé le beau Poëme de la *Pucelle*; si dans celui-ci une société de jeunes gens s'amusa, il y a trente ans, à faire une autre *Pucelle*; si je fus admis dans cette société; si j'eus peut-être la complaisance me prêter à ce badinage, en y inférant les choses honnêtes & pudiques, qu'on trouve parci par-là dans ce rare ouvrage, dont il ne me souvient plus du tout, je ne réponds en aucune façon d'aucune *Pucelle*; je nie d'avance à tout délateur, que j'aye jamais vû une *Pucelle*. On en a imprimé une, qui a été faite apparemment à la place Maubert ou aux Halles. Ce sont les avantures & le langage de ce pays-là, ceux qui ont été assez idiots pour s'imaginer, qu'ils pouvoient me nuire, en publiant sous mon nom cette rapsodie, devroient sçavoir, que quand on veut imiter la manière d'un Peintre de l'école du *Titien* & du *Correge*, il ne faut pas lui attribuer une enseigne de Cabaret de village. *

On

* Voici des vers de ce prétendu Poëme, intitulé *la Pucelle*,

Chan-

On sçait assez, quel est le malheureux, qui a voulu gagner de l'argent, en imprimant sous le titre de la *Pucelle d'Orléans* un ouvrage abominable; on le reconnoit assez au nom de *Luther* & de *Calvin* dont il parle sans cesse, & qui certainement ne devoient pas être placés sous le regne de *Charles VII.* On sçait, que c'est un Calviniste du Languedoc, qui a falsifié les Lettres de Madame de *Maintenon*, qui l'outrage indignement dans sa rapsodie de la *Pucelle*, qui

Chandos suant & souflant comme un beuf. *

— — — — — — —
— — — — — — —
— — — — — — —
— — — — — — —

Mr. de Voltaire rapporte quelques vers; mais on nous permettra de les supprimer, par la même raison, qu'ils sont d'une licence extrême; & certainement indignes du pinceau d'un tel maître. On n'a qu'à voir ce, que nous en avons dit dans le Journal, du premier Janvier 1756, & qui se trouve vérifié par l'assertion de Mr. de Voltaire. Aprés la citation, il ajouta la note suivante

„Il y a mille autres vers plus infames, & plus encore „dans le style de la plus vile canaille, & que l'honnê„teté ne permet pas de rapporter. C'est-là ce qu'un „misérable ose imputer à l'Auteur de *la Henriade*, de „*Mérope*, & d'*Alzire*.„ Note tirée du *Journal Encyclopédique*.

qui a inséré dans cette infamie des vers contre les personnes les plus respectables, contre le Roi même, qui a été deux fois en prison à Paris pour de pareilles horreurs, & qui est aujourd'hui exilé; les hommes qui se distinguent dans les arts, n'ont presque jamais que de tels ennemis.

Quant à quelques Messieurs, qui, sans être Chrétiens, inondent le public depuis quelques années, de satyres Chrêtiennes, qui nuiroient, s'il étoit possible, à notre Religion, par les ridicules appuis, qu'ils osent prêter à cet édifice inébranlable, enfin, qui la deshonorent par leurs impostures: si on faisoit jamais quelque attention aux libelles de ces nouveaux *Garasses*, on pourroit leur faire voir, qu'on est aussi ignorant qu'eux, mais beaucoup meilleur Chrêtien qu'eux.

C'est une plaisante idée, qui a passé par la tète de quelques barbouilleurs de notre siécle, de crier sans cesse, que tous ceux, qui ont quelque esprit, ne sont pas Chrêtiens! Pensent-ils rendre en cela un grand service à notre Religion? Quoi! la saine doctrine, c'est-à-dire, la Doctrine Apostolique & Romaine, ne seroit elle, selon eux, que le partage des sots? *Sans penser être quelque chose*, je ne pense pas être un sot; mais il me semble, que si je me trouvois jamais avec l'Abbé *Guyon* dans la rue, (car je ne peux le

ren-

rencontrer que là) * je lui dirois, mon ami, de quel droit prétends-tu être meilleur Chrêtien que moi? Est-ce parce que tu affirmes dans un livre aussi plat que calomnieux, que je t'ai fait bonne chère, quoique tu n'ayes jamais diné chez moi? Est-ce, parce que tu as revélé au public, c'est-à-dire à quinze ou seize lecteurs oisifs, tout ce que je t'ai dit du Roi de Prusse, quoique je ne t'aye jamais parlé, & que je ne t'aye jamais vû? Ne sçais-tu pas, que ceux qui mentent sans esprit, ainsi que ceux qui mentent avec esprit, n'entreront jamais dans le Royaume de Cieux?

Je te prie d'exprimer l'unité de l'Eglise, & l'invocation des Saints mieux que moi:

L'Eglise toûjours une, & partout étendue,
Libre, mais sous un chef, adorant en tout lieu,
Dans le bonheur des Saints, la grandeur de son Dieu.

Tu me feras encore plaisir de donner une idée plus juste de la Transsubstantion que celle, que j'en ai donnée.

Le Christ, de nos péchés victime renaissante,
De ses élûs chérie nourriture vivante,
Descend sur les autels à ses yeux éperdus,
Et lui découvre un Dieu sous un pain qui n'est plus.

Crois-

* L'Abbé *Guyon* auteur d'un libelle détestable, intitulé l'*Oracle des Philosophes*.

Crois-tu définir plus clairement la Trinité qu'elle ne l'eſt dans ces vers :

La puiſſance, l'amour, avec l'intelligence,
Unis & diviſés, compoſent ſon eſſence.

Je t'exhorte toi & tes ſemblables, non-ſeulement à croire les dogmes que j'ai chantés en vers, mais à remplir tous les devoirs que j'ai enſeignés en proſe, à ne te jamais écarter du centre de l'unité, ſans quoi il n'y a plus que trouble, confuſion, anarchie. Mais ce n'eſt pas aſſez de croire, il faut faire : il faut être ſoumis dans le ſpirituel à ſon Evêque, entendre la Meſſe de ſon Curé, communier à ſa paroiſſe, procurer du pain aux pauvres. Sans vanité, je m'acquitte mieux que toi de ces devoirs, & je conſeille à tous les poliſſons qui crient, d'être Chrêtiens, & de ne point crier. Ce n'eſt pas encore aſſez; je ſuis en droit de te citer *Corneille*,

Servez bien votre Dieu, ſervez votre Monarque.

Il faut pour être bon Chrétien, être ſurtout bon ſujet, bon citoyen; or, pour être tel, il faut n'être ni Janſéniſte, ni Moliniſte, ni d'aucune faction; il faut reſpecter, aimer, ſervir ſon Prince; il faut, quand notre patrie eſt en guerre, ou aller ſe battre pour elle, ou payer ceux qui ſe battent pour nous. Il n'y a pas de milieu. Je ne peux pas plus m'aller battre à l'âge de ſoixante & ſept ans, qu'un Conſeil-

ler

ler de Grand-Chambre; il faut donc que je paye ſans la moindre difficulté ceux, qui vont ſe faire eſtropier pour le ſervice de mon Roi, & pour ma ſûreté particulière.

J'oublíois vraiment l'article du pardon des injures. Les injures les plus ſenſibles, dit-on, ſont les railleries; je pardonne de tout mon cœur à tous ceux dont je me ſuis moqué.

Voilà, Monſieur, à peu près ce, que je dirois à tous ces petits Prophétes du coin, qui écrivent contre le Roi, contre le Pape, & qui daignent quelquefois écrire contre moi & contre des perſonnes qui valent mieux que moi. J'ai le malheur de ne point regarder du tout comme des Péres de l'Egliſe, ceux qui prétendent qu'on ne peut croire en Dieu ſans croire aux convulſions, & qu'on ne peut gagner le Ciel qu'en avalant des cendres du cimetière de *St. Médard*, en ſe faiſant donner des coups de buche dans le ventre, & des claques ſur les feſſes. *
Pour moi, je crois, que ſi on gagne le Ciel, c'eſt en obéiſſant aux Puiſſances établies de Dieu, & en faiſant du bien à ſon prochain.

Un Journaliſte a remarqué, que je n'étois pas adroit, puiſque je n'épouſois aucune faction, & que je

* Ce ſont les myſtères des Janſéniſtes convulſionnaires.

je me déclarois également contre tous ceux qui veulent former des partis. Je fais gloire de cette maladresse; ne soyons ni à *Apollo*, ni à *Paul*, mais à Dieu seul, & au Roi que Dieu nous a donné. Il y a des gens, qui entrent dans un parti pour être quelque chose, il y en a d'autres, qui existent sans avoir besoin d'aucun parti.

Adieu, Monsieur, je pensois ne vous envoyer qu'une tragédie, & je vous ai envoyé ma profession de foi. Je vous quitte, pour aller à la Messe de minuit, avec ma famille, & la petite niéce du grand *Corneille*. Je suis fâché d'avoir chez moi quelques Suisses, qui n'y vont pas; je travaille à les ramener au giron, & si Dieu veut, que je vive encor deux ans, j'espére aller baiser les pieds du St. Pére, avec les Huguenots que j'aurai convertis, & gagner les indulgences.

In tanto la prego di gradire gli auguri di felicità ch'io le reço nella congiuntura delle prossime sante feste natalizie.

A M. D'ARGET.

Vous demandez, mon cher ami & compagnon de Potsdam, comment Cinéas s'est accommodé avec Pyrrhus? C'est premiérement que Pyrrhus fit un opé-

opéra de ma tragédie de *Merope*, & me l'envoya; qu'ensuite il eut la bonté de m'offrir sa clef, qui n'est pas celle du Paradis, & toutes ses faveurs qni ne conviennent plus à mon âge, c'est qu'une de ses sœurs, qui m'a toujours conservé ses bontés, a été le lien de ce petit commerce, qui se renouvelle quelquefois entre le Héros Poëte, Philosophe, Guerrier, brillant, fier, modeste Roi, & le Suisse Cinéas retiré du monde. Vous devriez bien venir faire quelque tour dans nos retraites, soit de *Lausanne*, soit des *Délices*; nos conversations pourroient être amusantes. Il n'y a point de plus bel aspect dans le monde que celui de ma maison. Figurez-vous quinze croisées de face, en ceintre, un canal de douze grandes lieues de long, que l'œil enfile d'un côté, & un autre de quatre à cinq lieues; une terrasse qui domine sur cent jardins; ce même lac qui présente un vaste miroir au bout des miens; les campagnes de la Savoie au-delà du même lac, couronnées des Alpes, qui s'élevent jusqu'au ciel en amphithéatre; enfin une maison, où je ne suis incommodé que des mouches au milieu des plus rigoureux hivers; M. Denis l'a ornée avec le goût d'une Parisienne. Nous y faisons beaucoup meilleure chere que Pyrrhus: mais il faudroit un estomac; c'est un point, sans lequel il est difficile à Pyrrhus & à Cinéas

 d'être

d'être heureux. Nous répétâmes hier une tragedie; si vous voulez un rôle, vous n'avez qu'à venir: c'est ainsi que nous oublions les querelles des Rois & celles des gens de Lettres, les unes affreuses, les autres ridicules. On nous a donné la nouvelle prématurée d'une bataille entre Mr. le Maréchal de Richelieu & le Prince de Brunswik: il est vrai que j'ai gagné aux échecs à ce Prince une cinquantaine de louis; mais on peut perdre aux échecs, & gagner à un jeu où l'on a pour seconds trente mille bayonnettes. Je conviens avec vous, que le Roi de Prusse a la vue basse, & la tête vive; mais il a le premier des talents au jeu qu'il joue, la célérité: le fond de son armée a été discipliné pendant quarante ans; songez, comment doivent combattre des machines régulieres, vigoureuses, aguerries, qui voient leur Roi tous les jours, qui sont connues de lui & qu'il exhorte chapeau bas à faire leur devoir. Souvenez-vous, comment ces drôles-là font le pas de côté & le redoublé, comment ils escamotent la carthouche, comment ils tirent six à sept coups par minute. Enfin, leur maître croyoit tout perdu il y a trois mois; il vouloit mourir, il me faisoit ses adieux en vers & en prose; & le voilà, qui, par sa célérité & par la discipline de ses soldats, gagne deux grandes batailles dans un mois, court aux

Fran-

François, vole aux Autrichiens, reprend Breslau, fait quarante mille prisonniers & des épigrammes. Nous verrons, comment finira cette sanglante tragédie, si vive & si compliquée.

À M. L'ABBÉ DU BOS.

Il y a déja long temps, Monsieur, que je vous suis attaché par la plus forte estime; je vais l'être par la reconnoissance. Je ne vous répéterai point ici, que vos livres doivent être le bréviaire des gens de Lettres, que vous êtes l'Ecrivain le plus utile & le plus judicieux que je connoisse: je suis si charmé de voir, que vous êtes le plus obligeant, que je suis tout occupé de cette derniere idée.

Il y a long-temps, que j'ai rassemblé quelques matériaux, pour faire l'histoire de Louis XIV; je ne me presse pas d'êlever mon bâtiment: *Pendent opera interrupta, minæque murorum ingentes.* Si vous daigniez me conduire, je pourrois dire alors *æquataque machina cœlo:* voyez ce que vous pouvez faire pour moi, pour la vérité, pour un siecle, qui vous compte parmi ses ornements.

Celui, qui a si bien débrouillé le chaos de l'origine des François; m'aidera sans doute à répandre la lumiere sur les plus beaux jours de la France. Songez, Monsieur, que vous rendrez service à votre disciple & à votre admirateur.

A M. S'GRAVESENDE,

Vous vous souvenez, Monsieur, de l'absurde calomnie qu'on fit courir dans le monde, pendant mon séjour en Hollande: vous savez, si nos prétendues disputes sur le Spinosisme, & sur des matieres de Religion, ont le moindre fondement: vous avez été si indigné de ce mensonge, que vous avez daigné le réfuter publiquement. Mais la calomnie a pénétré jusqu'à la Cour de France, & la réfutation n'y est pas parvenue. Le mal a des ailes, & le bien va à pas de tortue. Vous ne sauriez croire, avec quelle noirceur on a écrit, & parlé au Cardinal de Fleuri. Tout mon bien est en France, & je suis dans la nécessité, de détruire une imposture, que dans votre pays je me contenterois de mépriser, à votre exemple.

Souffrez donc, mon aimable & respectable Philosophe, que je vous supplie très instamment, de m'aider à faire connoitre la vérité. Je n'ai point encore écrit au Cardinal pour me justifier. C'est une posture re trop humiliante, que celle d'un homme qui fait son apologie: mais c'est un beau rôle que celui de prendre en main la défense d'un homme innocent. Ce rôle est digne de vous, & je vous le propose comme à un homme qui a un cœur digne de son esprit. Ecrivez au Cardinal: deux mots & votre nom feront beaucoup, je vous en réponds. Il en croira un homme accoutumé à démontrer la vérité. Je vous remercie, & je me souviendrai toujours de celles, que vous m'avez enseignées. Je n'ai qu'un regret, c'est de n'en plus apprendre sous vous. Je vous lis au moins, ne pouvant plus vous entendre. L'Amour de la vérité m'avoit conduit à Leyde, l'amitié seule m'en a arraché. En quelque lieu que je sois, je conserverai pour vous le plus tendre attachement, & la plus parfaite estime.

À Mr. DE MAUPERTUIS.

J'apprends dans le moment, qu'on réimprime mon maudit ouvrage; * je vais sur le champ me mettre à le corriger: il y a mille contre sens dans l'impression; j'ai déjà corrigé les fautes de l'Editeur sur la

 lumi-

* Les Eléments de la Philosophie de Newton.

lumiere; mais si vous vouliez consacrer deux heures à me corriger les miennes, & sur la lumiere, & sur la pesanteur, vous me rendriez un service, dont je ne perdrois jamais le souvenir. Je suis si pressé par le temps, que j'en ai la vue toute éblouie. Le torrent de l'avidité des Libraires m'entraîne; je m'adresse à vous, pour n'être point noyé. Je ne vous supplie point de perdre beaucoup de temps; & d'ailleurs est-ce le perdre que de catéchiser son disciple? C'est à vous à dire, quand vous n'aurez pas instruit quelqu'un: *Amici, diem perdidi*.... Je tremble de vous importuner; mais, au nom de Newton, un petit mot sur la pesanteur & sur la fin de l'ouvrage.

Les grands hommes, Monsieur, sont faits pour donner de l'émulation: je crois même, que la marque la plus sûre de l'excellence & de la perfection d'un Ecrivain, c'est d'inspirer aux autres la louable ambition de l'imiter... Toutes les fois que je lis vos odes sacrées, je suis tenté de m'exercer à ce genre de poësie... C'est dans quelques-uns de ces moments, que je fis, il y a plusieurs années la paraphrase du pseaume .... jugés-vous cette piece digne de votre critique? ne l'épargnez pas; je ferai gloire toute ma vie de déférer à vos avis, comme je fais profession d'être avec les sentiments de la plus haute estime, &c.

A

A Mlle. CORNEILLE.

Votre nom, Mademoiſelle, votre mérite, & la Lettre, dont vous m'honorez, augmentent dans Mme. Denis & dans moi le deſir de vous recevoir, & de mériter la préférence, que vous voulez bien nous donner. Je dois vous dire, que nous paſſons pluſieurs mois de l'année dans une Campagne auprès de Geneve; mais vous y aurez toutes les facilités & tous les ſecours poſſibles pour tous les devoirs de la Religion: d'ailleurs, notre principale habitation eſt en France, à une lieue de là, dans un château très-logeable que je viens de faire bâtir, & où vous ſerez beaucoup plus commodément, que dans la maiſon d'où j'ai l'honneur de vous écrire. Vous trouverez dans l'une & dans l'autre habitation, de quoi vous occuper, tant aux petits ouvrages de la main, qui pourront vous plaire, qu'à la muſique & à la lecture. Si votre goût eſt de vous inſtruire de la Géographie, nous ferons venir un Maître, qui ſera très-honoré d'enſeigner quelque choſe à la petite-fille du grand Corneille. Mais je le ſerai beaucoup plus que lui, de vous voir habiter chez moi. J'ai l'honneur d'être avec reſpect, &c.

AU R. P. VIONNET.

J'ai l'honneur, mon Révérend Pere, de vous marquer une très-foible reconnaissance d'un fort beau présent. *(a)* Vos Manufactures de Lyon valent mieux que les nôtres; mais j'offre ce que j'ai. Il me paroit que vous êtes un plus grand ennemi de Crebillon que moi. Vous avez fait plus de tort à son Xerxès, que je n'en ai fait à sa Semiramis. Vous & moi, nous combattons contre lui. Il y a longtemps que je suis sous les étendards de votre Société. Vous n'avez gueres de plus mince soldat; mais aussi il n'y en a point de plus fidele. Vous augmentez encore en moi cet attachement, par les sentiments particuliers que vous m'inspirez pour vous, & avec lesquels j'ai l'honneur d'être, &c.

AU CARDINAL ALBERONI.

MONSEIGNEUR,

La Lettre, dont Votre Eminence m'a honoré est un prix aussi flatteur de mes ouvrages, que l'estime de l'Europe a dû vous l'être de vos actions. Vous ne

(a) Il lui envoyoit un exemplaire de sa tragédie de Semiramis.

ne me deviez aucun remerciment, Monſeigneur; je n'ai été que l'organe du Public, en parlant de vous. La liberté & la vérité, qui ont toujours conduit ma plume, m'ont valu votre ſuffrage Ces deux caracteres doivent plaire à un génie tel que le vôtre. Quiconque ne les aime pas, pourra bien être un homme puiſſant, mais ne ſera jamais un grand homme. Je voudrois être à portée d'admirer celui à qui j'ai rendu juſtice de ſi loin. Je ne me flatte pas d'avoir jamais le bonheur, de voir Votre Eminence; mais ſi Rome entend aſſez ſes intérêts, pour vouloir au moins rétablir les Arts, le Commerce, & remettre quelque ſplendeur dans un pays qui a été autrefois le maître de la plus belle partie du monde, j'eſpere alors, que je vous écrirai ſous un autre titre que ſous celui de Votre Eminence, dont j'ai l'honneur d'être avec autant d'eſtime que de reſpect, &c.

A M. DE LA MARRE.

J'e me flatte, mon cher Monſieur, que quand vous ferez imprimer quelqu'un de vos ouvrages, vous le ferez avec plus d'exactitude, que vous n'en avez eu dans l'édition de Jules-Céſar. * Permettez, que mon

* Tragédie de M. de Voltaire.

mon amitié se plaigne, que vous ayiez hazardé dans votre préface des choses sur lesquelles vous deviez auparavant me consulter.... Si vous me l'aviez envoyée, je vous aurois prié de corriger ces bagatelles. Mais vos fautes sont si peu de chose en comparaison des miennes, que je ne songe qu'à ces dernieres: j'en ferois une fort grande de ne vous point aimer, & vous pouvez compter toujours sur moi.

A S. A. R. MADAME.

MADAME,

Si l'usage de dédier ses Ouvrages à ceux qui en jugent le mieux, n'étoit pas établi, il commenceroit pour Votre Altesse Royale. La protection éclairée, dont vous honorez les succès ou les efforts des Auteurs, met en droit ceux mêmes, qui réussissent le moins, d'oser mettre sous votre nom des ouvrages qu'ils ne composent que dans le dessein de vous plaire. La liberté, que je prends, de vous offrir ces foibles essais * n'est autorisée que par mon zele, qui me tient lieu de mérite auprès de vous. Heureux, si encouragé par vos bontés, je puis travailler longtemps pour Votre Altesse Royale, dont la conservation

* Sa tragédie d'Oedipe.

vation n'eſt pas moins précieuſe à ceux qui cultivent les Beaux-Arts, qu'à toute la France, dont elle eſt les délices & l'exemple.

Je ſuis avec un profond reſpect, &c.

A L'ELECTEUR PALATIN.

Que je ſuis touché, que j'aſpire,
A voir briller cet heureux jour,
Ce jour ſi cher à votre Cour,
A vos Etats, à tout l'Empire!

Que j'aurai de plaiſir à dire,
En voyant combler votre eſpoir:
J'ai vu l'enfant que je deſire,
Et mes yeux n'ont plus rien à voir!

MONSEIGNEUR,

que Votre Alteſſe Electorale me pardonne mon enthouſiaſme; la joie le rend excuſable. Je ne ſais ce que je fais, ma lettre manque à l'étiquette. Du tems de la naiſſance du Duc de Bourgogne, tous les poliſſons danſaient dans la chambre de Louis XIV. Je ſerais un grand poliſſon dans Schutzingen, ſi je pouvais, dans le mois de Juillet, être aſſez heureux

pour

pour me mettre aux pieds du Pere, de la Mere & de l'Enfant. Un Fils & la Paix, voilà ce que mon cœur souhaite à vos Altesses Electorales, & un Fils sans la paix, est encore une bien bonne avanture. Je me mets à vos genoux, Monseigneur; je les embrasse de joie. Agréez, Vous & Madame l'Electrice, ma mauvaise Prose, mes mauvais Vers, mon profond respect, mon yvresse de cœur; & daignez conserver des bontés à votre petit Suisse,

VOLTAIRE.

A Ferney, ce 14 Août. 1761.

AUTRE LETTRE
A L'ELECTEUR PALATIN.

Est-ce une fille, est-ce un garcon?
Je n'en sais rien: la providence
Ne dit point son secret d'avance,
Et ne nous rend jamais raison.

Grands, petits, riches, gueux, fous, sages,
Tous aveuglés dans leurs efforts,
Tous, à tâtons, font des ouvrages
Dont ils ignorent les ressorts.

C'est

C'est bien là que l'homme est machine ;
Mais le Machiniste est là-haut,
Qui fait tout de sa main divine,
Comme il lui plaît, & comme il faut.

Je bénis ses dons invisibles.
Car vous sçavez, que tout est bien :
On ne peut se plaindre de rien,
Au meilleur des Mondes possibles.

S'il vous donne un Prince, tant mieux
Pour tout l'Etat & pour son Pere ;
Et s'il a votre caractère,
C'est le plus beau présent des Cieux.

Si d'une fille il vous régale,
Tant mieux encor, c'est un bonheur.
En grace, en beauté, en douceur,
Je la vois à sa mere égale.

O couple auguste, heureux Epoux,
L'esprit prophétique m'emporte :
Fille ou garçon, il ne m'importe,
L'Enfant sera digne de vous.

MONSEIGNEUR,

Il m'importe pourtant ; je partirais en poste pour savoir ce qui en est, si cette providence, qui fait tout pour le mieux, ne me traitait misérablement. Elle mal-

maltraite fort votre petit vieillard Suisse, & m'a fait l'individu le plus ratatiné & le plus souffrant de ce meilleur des mondes.

Je ferais vraiment une belle figure au milieu des fêtes de Votre Altesse Electorale. Ce n'était que dans l'ancienne Egypte qu'on plaçait des squeletes dans les festins. Monseigneur, je n'en peux plus, je ris encore quelquefois, mais j'avoue, que la douleur est un mal. Je suis consolé, si Votre Altesse Electorale est heureuse. Je suis plus fait pour les Extrêmes-Onctions que pour les Baptêmes. Puisse la paix servir d'époque à la naissance du Prince que j'attends; puisse son auguste pere conserver des bontés, & agréer les tendres & profonds respects du petit Suisse,

VOLTAIRE.

A Ferney, ce 9 Septembre 1761.

AU ROI DE PRUSSE.

Les Fileuses des Destinées,
Les Parques ayant mille fois
Entendu les ames damnées,
Parler là-bas de vos exploits,

De

De vos rimes si bien tournées,
De vos vertus & de vos loix,
Vous crurent le plus vieux des Rois.
Alors, des rives du Cocyte,
A Berlin vous rendant visite,
Atropos vint avec le Tems,
Croyant trouver des cheveux blancs,
Front ridé, face décrépite,
Et discours de quatre-vingts ans.
Mais l'inhumaine fut trompée;
Elle apperçut de blonds cheveux,
Un teint fleuri, de grands yeux bleus,
Et votre flute & votre épée.
Elle songea, pour mon bonheur,
Qu'Orphée, autrefois, par sa lyre,
Et qu'Alcide, par sa valeur,
La braverent dans son empire.
Elle trembla, quand elle vit
Un Monarque, qui réunit
Les dons d'Orphée & ceux d'Alcide:
Doublement elle vous craignit;
Et jettant son cizeau perfide
Chez ses sœurs elle s'en alla;
Et pour vous, le trio fila
Une trame toute nouvelle,
Brillante, dorée, immortelle,

Et la même que pour LOUIS;
Car tous deux vous êtes unis,
Tous deux vous forcez des murailles,
Tous deux vous gagnez des batailles
Contre les mêmes ennemis:
Tous deux un jour . . . mais je finis.
Il eſt trop aiſé de déplaire,
Quand on parle aux Rois trop longtems.
Comparer deux Héros vivans,
N'eſt pas une petite affaire.

A Mr. SENAC DE MEILHAN.

Eleve du jeune Apollon,
Et non pas de ce vieux Voltaire;
Eleve heureux de la raiſon,
Et d'un Dieu plus charmant, qui l'inſtruiſit à plaire;
J'ai lu tes vers brillans & ceux de ta Bergere,
Ouvrages de l'eſprit, embellis par l'amour,
J'ai cru voir la belle Glycere,
Qui chantoit Horace á ſon tour.
Que ſon eſprit me plait! que ſa beautè te touche!
Elle a tout mon ſuffrage, elle a tous tes deſirs:
Elle a chanté pour toi; je vois, que ſur ſa bouche,
Tu dois trouver tous les plaiſirs.

Je reponds bien mal, Monſieur, aux choſes charmantes, que vous m'envoyez; mais à mon âge on a la voix un peu rauque. *Lupi Mœrim vidêre priores, vox quoque Mœrim deficit.*

CON

CONTRE-PREDICTION
AU SUJET
DE LA
NOUVELLE HELOÏSE
ROMAN
DE
MONSIEUR ROUSSEAU,
CITOYEN DE GENEVE.

On a vu quelque fois des Fanatiques outrés, se croire illuminés, dans le délire de leurs passions, condamner à une réprobation éternelle, les hommes, qui n'avoient pas les mêmes transports qu'eux, ou qui frondoient leurs égaremens; on les plaignoit, on étoit moins indigné, qu'attendri sur le sort de ces tristes jouets des foiblesses humaines. Mais de quel œil voit on aujourd'hui tous ces petits *Prophêtes*, qui placent ridiculement dans l'avenir ce, qu'ils voyent encore plus ridiculement? En général, Parodistes subalternes, des chefs d'œuvres de l'ésprit humain, ne pouvant atteindre à la gloire, & à l'estime de leurs maîtres, ils tâchent de s'en consoler en cherchant à les dégrader. Tous ces faiseurs de Prédictions qui voudroient faire accroire, que leurs lumières pénétrent dans les siécles futurs, devroient tout au moins sentir ce, que leurs contemporains pensent sur leur compte, & s'ils vouloient aller plus loin, ils se persuaderoient aisément, sans se perdre dans les espaces imaginaires, & sans se fatiguer à renverser l'ordre des tems, que la postérité jettera des regards de mépris, ou d'indignation, sur toutes les productions frivoles, & surtout, sur ces satyres amères, triste fruit des plus honteuses passions.

La *Pérdiction*, qui a paru contre la *Nouvelle Héloïse*, est une des plus outrées satyres de ce siécle: elle attaque un homme célèbre, aussi estimable par ses mœurs, que par ses rares talens. Nous nous garderons de la confondre avec toutes celles, qui ont paru depuis quelque tems: si elle avoit eu d'autre mérite, que de vouloir dégrader Mr. Rousseau de Genêve, nous ne l'aurions point présentée à nos Lecteurs: on ne peut point douter de l'estime, que nous avons pour cet Illustre Ecrivain. Graces au Ciel, il nous a souvent fourni des occasions, où nous avons fait connaître notre manière de penser à son égard. Mais après avoir donné à son Roman les éloges, qu'il méritoit, nous avons cru devoir rapporter cette Prédiction, qui contredit ce, que nous avons dit nous mêmes, de la *Nouvelle Héloïse*, pour fairé voir, jusqu'où peuvent aller les efforts de l'envie, ou de la haine, & surtout, comment on peut empoisonner tout ce, qui tient à la Morale. Nous n'aurions pas cru, qu'on put s'y méprendre: cependant il y a quelques uns de nos Lecteurs, qui ne nous ont point prêté ce louable motif: ils ont pensé, qu'ils doivent venger Mr. Rousseau; ils ont été plus sensibles que lui, aux traits, qui ont été lancés contre son Roman; nous choisirons parmi plusieurs écrits, qui nous ont été addressés à ce sujet, une espece de *Contre-prédiction*, très propre en

effet

effet de remplir leur objet, & à répondre à nos vûes.

CONTRE-PRÉDICTION.

En ce tems, il sortira des bords du Lac de Genêve, un jeune homme sage & vertueux, qui voyagera chez le Peuple le plus éclairé de l'Univers. Après avoir longtems étudié, examiné les mœurs de ce Peuple, il lui dira, vous êtes sçavant, mais corrompu. C'est la societé, qui a commencé le mal, les Arts, les Sciences l'acheveront: & peut de personnes le croiront, parceque le mal à déja des racines très profondes.

Et il leur dira, je suis venu vivre parmi vous, pour m'instruire, & j'ai été faché de voir la corruption de votre société.

Et il dira encore, on est beaucoup plus vertueux dans le pays où je suis né, & je compte aussi retourner parmi les miens.

Et il écrira que les Sauvages sont moins corrompus, que les Peuples d'une grande Ville; que les vices augmentent à mesure, que la société s'aggrandit, que les Arts & les Sciences favorisent les progrès du vice, & il aura raison.

Et il soutiendra, que le Théâtre est une mauvaise école pour former les mœurs; & les Partisans du

Théâtre lui donneront tort, & trouveront extraordinaire qu'il ait fait un Opéra.

Et il dira, que la compagnie des Grands eſt dangereuſe, & cependant il fréquentera quelques Grands, & on trouvera encore cela extraordinaire.

Et il fera un livre pour dire, que nous n'avons point de bonne Muſique, & les Muſiciens courroucés contre lui, ne pourront lui répondre que par des injures.

Et il dira auſſi, que les Peuples, qui ont des mœurs, ne liſent pas des Romans, & il ne fera point de Roman; mais un livre de mœurs, auquel il donnera la forme d'un Roman, pour le faire paſſer; c'eſt ainſi qu'on frotte de miel les bords d'un vaſe, pour en faire avaler la liqueur amère.

Et dans ce livre, l'amitié, l'amour, l'honneur, la vertu, ne feront point fondées ſur l'intéret perſonnel, ne ſeront point de vains ſentimens pris dans la ſociéte; mais ce ſeront des affections reelles qui auront leur ſource dans le cœur, & c'eſt ce qui déplaira aux plus éclairés de la Nation.

Et dans ce livre on verrâ encore un jeune homme, prendre un véritable amour pour une jeune fille, ce qui étonnera bien des gens, qui n'ont jamais connu le veritable amour. Et la maitreſſe donnera la premiere un baiſer à ſon amant, & après avoir plus

com-

combattu que celles qui résistent, entrainée par la violence de ses feux, elle succombera.

Et elle aura des regrets plus grands que sa faute; & ceux qui connoissent l'amour, l'excuseront.

Et on verra encore dans ce livre, que les parens abusent quelquefois de l'autorité, qu'ils ont sur leurs enfans, qu'ils les forcent souvent à des mariages, où leur cœur n'a point de part, & que l'intérêt fait aujourd'hui beaucoup de ménages malheureux.

Et il s'élevera une dispute entre l'Ecolier & un Seigneur Anglois, ce qui donnera occasion à un très beau discours, sur la fureur du duel & du faux point d'honneur; & le Seigneur Anglois reconnoissant son tort, en fera ses excuses d'une manière qui surprendra l'admiration.

Et l'Ecolier devenu l'ami du Mylord, se rendra à Paris, n'y verra point les Philosophes, fréquentera les honnêtes gens, écrira à sa maîtresse, que les femmes du bel air ont le ton grenadier, qu'elles ont peu de retenue & qu'elles sont trop faciles a céder.

Et malgré le soin d'éviter la mauvaise compagnie, il se trouvera sans le sçavoir, chez des filles de mauvaise vie, & ne s'en appercevra qu'après la faute; il écrira son repentir à sa maîtresse, & elle lui pardonnera.

Et les éclairés de la Nation se recriront, & diront, que tout cela n'est pas dans la Nature, & cette fille toujours amoureuse, cédant aux ordres de ses parens, épousera un honnête homme, qui a sauvé la vie à son pere; & malgré sa faute & son amour, elle fera le bonheur de son époux & le sien.

Et on sera fort étonné qu'un homme épouse une jeune fille dont il sçait que le cœur appartient à un autre; & les Philosophes seront étonnées que ce mari soit un honnête homme; & que cet honnête homme soit un Athée.

Et les gens raisonnables seront surpris de la contradiction de ces Philosophes, qui ayant établi qu'un Athée peut être honnête homme, nient, que le mari de cette jeune fille le soit, parcequ'il est Athée.

Et l'Amant pour dissiper son chagrin, ira voyager: & il aura beaucoup vû dans le tour du monde, & il reviendra en Europe.

Et de retour, il sera reçu dans la maison de sa maîtresse, qui sautera à son cou à son arrivée; & le mari, qui sçait toute leur intrigue, n'en sera point jaloux; ce que bien des gens ne pourront concevoir.

Et on croira, que parceque l'amante a eu une foiblesse, étant fille, elle doit necessairement continuer à en avoir, étant femme.

Et

Et l'on ſera étonné, que le jeune homme & cette tendre épouſe ſçachent conſerver leur vertu & ſe reſpecter en demeurant enſemble, & que le mari plaiſante ſur leurs aventures.

Et les honnêtes gens croiront aiſément, que tout cela peut ſe concilier; mais les méchans ſeront dans l'étonnement, & ne pourront jamais y rien comprendre.

Et les plaiſirs de l'Epoux, de l'Epouſe & de l'Amant ſeront ſimples & innocens. La maîtreſſe veillera ſur ſes domeſtiques & s'en fera aimer: dans le tems de vendange, elle jouera au milieu des Vendangeurs, & en ſera reſpectée, elle teillera du chanvre avec eux; & le jeune homme prendra plaiſir à l'imiter; & ceux qui ne connoiſſent pas ces innocens plaiſirs, s'en moqueront.

Et l'Amant préſidera à l'éducation des enfans, il leur apprendra ſurtout á ne parler qu'à propos dans les compagnies, & on ne les inſtruira de leur religion, que dans l'âge mur, afin qu'ils la ſçachent mieux, ce qui ne plaira pas à tout le monde.

Et les repas ſeront frugals; on ſçaura s'y priver de certains mêts, qui pourroient faire plaiſir, pour mieux les gouter enſuite, & les Méchans appelleront cela gourmandiſe.

Et

Et la Maîtreſſe aura beaucoup de raiſon, de bon ſens & de jugement, & les Beaux Eſprits en ſeront courroucés.

Et le Philoſophe remarquera, que les gens faux doivent être ſobres, & que la trop grande réſerve de la table annonce aſſez ſouvent, des mœurs feintes & des ames doubles.

Et l'ami ira pêcher dans un lac avec ſa maîtreſſe, & il rejettera dans les eaux les petits poiſons dont ils n'auront pas beſoin pour leur dîner, ce qui révoltera les Gloutons

Et dans un voyage, qu'il fera chez les Valaiſans, il boira un peu plus de vin qu'à l'ordinaire : il ſera choqué de l'énorme ampleur de la gorge des jeunes Valaiſanes, & les Sots en riront.

Et lorſque ſa Maîtreſſe lui aura promis un rendez-vous, la violence de ſon amour lui fera regretter, d'être obligé de manquer au rendez-vous, pour faire une bonne action, & il fera cependant cette bonne action.

Et l'Amie de ſa Maîtreſſe deviendra amoureuſe de lui, & lui ne ſera point amoureux d'elle, quoiqu'il lui donne un baiſer ſur la main ; ce qui étonnera encore.

Et enfin ſa maîtreſſe mourra.

Et avant que de mourir, elle écrira à ſon Amant, que la vertu, qui les ſépara ſur la Terre, les unira dans le Ciel; qu'elle eſt trop heureuſe d'acheter au prix de ſa vie le droit de l'aimer toujours ſans crime.

Et le mari enverra cette lettre à l'Amant.

Et on ne ſçaura jamais ce que l'Amant eſt devenu.

Et les Méchans ne ſe ſoucieront guères de le ſçavoir.

Et les honnêtes gens le rechercheront, & deſireront de connoître un pareil Amant.

Et tout le livre ſera moral, utile & honnête, puiſqu'il prouvera, que les Peres ne ſont point en droit de diſpoſer du cœur de leurs filles, ſans les conſulter, & que pour faire des mariages heureux, on ne doit pas toujours avoir égard à l'égalité des conditions

Et que pourvû qu'on pratique la vertu, il eſt inutile d'en parler.

Et qu'une jeune fille peut avoir une foibleſſe avec un homme, & être enſuite forcée par ſes parens d'en épouſer un autre.

Et qu'en ſe livrant au bien, on n'a jamais des remords de l'avoir fait.

Et qu'un Mari sûr de la vertu de sa Femme, peut recevoir son ancien Amant dans sa maison.

Et que la Femme peut embrasser quelquefois son ancien Amant, sans que le Mari en conçoive de jalousie.

Et elle dira, que deux Epoux peuvent être heureux sans amour.

Et le livre sera écrit d'un beau style, pour en imposer aux Philosophes.

Et l'Auteur pressera les raisonnemens pour mieux les convaincre.

Et il accumulera les preuves, & ne les convaincra pas.

Et son style sera orné, fleuri, sublime, nerveux, & on dira, qu'il y a des endroits si pleins de feu, qu'ils *brûlent le papier*.

Et il connaîtra la simplicité, la justesse, le naturel, & il n'employera la force que pour détruire le vice, & quelquefois le sarcasme, dans les choses indifférentes

Et le talent de l'Auteur sera de faire briller la vertu, & de faire parler la raison & le bon sens. Il contemplera toujours la Nature, & donnera rarement carrière à son imagination.

Et semblable aux Médecins, qui ordonnent un remède pour prévenir le mal, il produira son livre

sous

ſous le titre de Roman, & par cet innocent artifice, il réuſſira à guèrir des cœurs corrompus; & à faire aîmer la vertu.

Il ne ſe vantera point, d'avoir fait un livre utile; & comme il aura mis à la tête de ſon livre un titre décidé, pour qu'une fille chaſte ſçache, à quoi s'en tenir en l'ouvrant, il dira: *celle, qui malgré ce titre, en oſera lire une ſeule page. eſt une fille perdue; mais qu'elle n'impute point ſa perte à ce livre? le mal étoit fait d'avance: puiſ-qu'elle a commencé; qu'elle acheve de le lire: elle n'a plus rien à riſquer*, & il auroit pû ajouter: *elle ne peut même qu'y profiter.*

Et après que dans ſon Roman il aura fait triompher les mœurs, en détruiſant la Philoſophie, il dira, qu'il faut laiſſer les Romans aux Peuples corrompus.

Et il pourra dire auſſi, qu'il y a des Fripons chez les Peuples corrompus.

Et on le laiſſera tirer la conſéquence.

Et les Philoſophes voudront le forcer de ſe juſtifier, d'avoir fait un livre, oú reſpire la vertu

Et il aura raiſon de menacer de ſon mépris tous ceux, qui n'eſtimeront pas ſon livre.

Et les gens vertueux le liront avec attendriſſement, Et on ne l'appellera plus le *Philoſophe*; & il

ſera

ſera reconnu comme un des plus éloquens & des plus vertueux des hommes.

Et on ne ſera point étonné, comment avec une ame pure & honnête, il a fait un livre qui le ſoit.

Et les Philoſophes qui l'avoient loué, le calomnieront.

Et ceux, qui ne croyent pas à la vertu, trouveront, que le livre les ennuye.

Et ceux, qui croyoient en lui, y croiront plus que jamais.

A Mr. DE P***.

Sic vos non vobis. Dans le nombre immenſe de Trrgédies Comédies, Opera Comiques, Diſcours Moraux, & Facéties au nombre d'environ cinq cent mille, qui font l'honneur éternel de la France, on vient d'imprimer une Tragedie ſous mon nom, intitulée Julime; la Scene eſt en Afrique, Il eſt bien vrai qu'autrefois, ayant été avec *Alzire* en Amerique; je fis uu petit tour en Afrique avec *Julime* avant d'aller voir *Idamé* à la Chine: mais mon voyage d'Afrique ne me réuſſit point. Préſque perſonne dans le Parterre ne connoiſſoit la ville d'*Arſénie* qui etoit le lieu de la Scéne; c'eſt pourtant une Colonie *Romai-*

Romaine nommée *Arsenaria*, & c'est encore par cette raison-la qu'on ne la connoissoit pas. *Trémizéne* est un nom bien sonore, c'est un joli petit Royaume, mais on n'en avoit aucune idée; la Piéce ne donna nulle envie de s'informer du gissement de ces Côtes. Je retirai prudemment ma flotte; & *quæ desperat tractata nitescere posse relinquit.* Des Corsaires se sont enfin saisis de la Piéce & l'ont fait imprimer, mais par droit de conquête ils ont suprimé deux ou trois cent vers de ma façon, & en ont mis autant de la leur; je crois qu'ils ont très bien fait; je ne veux point leur voler leur gloire, comme ils m'ont volé mon ouvrage. J'avoüe, que le dénoûement leur appartient, & qu'il est aussi mauvais que l'etoit le mien: les Rieurs auront beau jeu, car au lieu d'avoir une Piéce à sifler, ils en auront deux, Il est vrai que les Rieurs seront en petit nombre, car peu de gens pourraient lire les deux Piéces; je suis de ce nombre; & de tous ceux, qui prisent ces bagatelles ce qu'elles valent, je suis peut-être celui, qui y met le plus bas prix. Enchanté des chefs d'œuvres du siécle passé, autant que dégoûté du fatras prodigieux de nos médiocrités, je vais expier les miennes en me faisant le Commentateur de *Pierre Corneille.* L'Academie a agréé ce travail; je me flatte que le Public le secondera, en faveur des héritiers de ce grand nom.

Il vaut mieux commenter *Heraclius* que de faire *Tancréde*, on risque bien moins. Le premier jour que l'on joua ce *Tancréde*, beaucoup de Spectateurs etoient venus, armés d'un manuscrit, qui couroit le monde, & qu'on assuroit être mon ouvrage; il ressembloit à cette *Julime*.

C'est ainsi qu'un honnête Libraire nommé *Gosse*, s'avisa d'imprimer une histoire générale, qu'il assuroit être de moi, & il me le soutenoit a moi-même: il n'y a pas grand mal a tout cela: quand on véxe un pauvre Auteur, les dix-neuf vingtiémes du Monde l'ignorent, le reste en rit, & moi aussi. Il y a trente à quarante ans, que je prenois sérieusement la chose. J'etois bien sot! Adieu, je vous embrasse.

CHANGEMENS
FAITS
À LA
NOUVELLE REPRESENTATION
DE LA
TRAGEDIE D'ORESTE.

CHANGEMENS FAITS À LA NOUVELLE REPRESENTATION DE LA TRAGEDIE D'ORESTE.

Le 8 Juillet 1762. on remit sur le Theatre Français, *Oreste* Tragédie de M *de Voltaire*, qui avoit été représentée pour la premiere fois au commencement de l'année 1750. *

Les Acteurs à cette reprise sont :

ORESTE, M. le *Kain*.
ELECTRE, Mlle *Clairon*.
IPHISE, Mlle *Husse*.
CLITEMNESTRE, Mlle *Dumesnil*.
EGISTE, M. *Paulin*.
PILADE, M. *Molet*.
PAMMENE, M. *Brizard*.

Les

* V. le Mercure de Février 1750.

Les applaudissemens avec lesquels les représentations de cette Tragédie viennent d'être reçues, ne nous laissent rien à ajouter pour la gloire de son illustre Auteur; le plaisir & l'admiration du Public en sont des garans plus sûrs & bien plus flatteurs que nos éloges. Tout parallèle que l'on feroit de cette Piéce avee l'admirable *Electre* de M. *Crébillon*, manqueroit de justesse. Quoique le Sujet soit le même, la manière de le saisir & de le traiter, fait de ces Tragédies deux Piéces différentes. Chacune ayant des genres de beautés particuliers, le mérite de l'une ne peut détruire celui de l'autre. Ce n'est point à l'esprit à adjuger la préférence, c'est au cœur, à se laisser entraîner, suivant ce qu'il trouve dans l'une ou dans l'autre de ces deux Tragédies, de plus propre à l'émouvoir; & c'est avoir remporté un prix glorieux dans la carrière dramatique, que d'avoir donné lieu à cette espéce de discussion, après les succés éclatans & toujours soutenus de la Tragédie d'*Electre*. L'Auteur d'*Oreste* n'a rien changé dans la conduite générale de sa Piéce, ni dans le fil des Scènes; il a seulement ajouté ou changé quelques vers dans certaines parties du Dialogue; ce qui procure de uouvelles beautés dans les détails. Entre ce peu de vers nouveaux, qui ne se trouvent

pas

pas imprimés dans les différentes Editions d'*Oreste*, nous en avons remarqué quelques-uns, que nos Lecteurs ne nous désapprouveront peut-être pas de rapporter.

Dans la premiere Scène du troisiéme Acte, *Oreste* raconte ainsi à *Pilade* la rencontre, qu'il a faite de sa mère, qu'il ne connoit pas encore.

. . . .

„ J'étois dans ce tombeau, lorsque ton œil fidèle
„ Veilloit sur ces dépots confiés à ton zèle;
„ J'appellois en secret ces mânes indignés;
„ Je leur offrois mes dons de mes larmes baignés.
„ Une femme vers moi courant déséspérée,
„ Avec des cris affreux, dans la tombe est entrée,
„ Comme si dans ces lieux qu'habite la terreur,
„ Elle eût fui sous les coups de quelque Dieu vengeur.
„ Elle a jetté sur moi sa vue épouvantée'

. . . .

„ Elle a parlé, j'ai vû les Filles de l'Enfer,
„ Sortir entre elle & moi de l'abîme entr'ouvert,
„ Leurs serpens, leurs flambeaux, leur voix sombre & terrible
„ M'inspiroient un transport inconcevable, horrible;
„ Une fureur atroce; & je sentois ma main
„ Se lever malgré moi, prête à percer son sein.
„ Ma raison s'enfuyoit de mon âme éperdue;
„ Cette femme en tremblant s'est soustraite à ma vue,
„ Sans s'adresser aux Dieux, & sans les honorer,
„ Elle sembloit les craindre, & non les adorer.
„ Plus loin &c.

Ces

Ces derniers vers particuliérement ont une force de pinceau, à laquelle l'énergie simple & noble de l'expression donne le caractère du sublime. On sent avec quel art, dans les vers qui précédent, l'Auteur prépare & justifie en quelque sorte le parricide, qui doit faire la catastrophe.

Dans la deuxiéme Scène du même Acte, *Oreste* se plaint à *Pammene*, de la défense, que lui font les Dieux de se découvrir à *Electre*.

„Pourquoi nous imposer par des loix inhumaines,
„Et des devoirs nouveaux, & de nouvelles peines!
„Les Mortels malheureux n'en ont-ils pas assez;
„Sous des fardeaux sans nombre ils vivent terrassés.
„A quel prix, Dieux puissant, avons-nous reçu l'être?
„N'importe, est-ce à l'Esclave à condamner son Maître?
„Obéissons, Pammene, &c.

. . . .

A la deuxiéme Scène du quatriéme Acte, *Electre* trompée par de faux bruits, & méconnoissant son frere dans *Oreste*, qu'elle croit le meurtrier d'*Oreste* même, malgré toute la piété, que fait paroître ce jeune Etranger pour les Mânes *Agamemnon*, dit à *Iphise*.

. . . . „Ainsi donc les Mortels
„Se baignent dans le sang, & tremblent aux Autels;
„Ils passent sans rougir du crime au sacrifice.
„Est-ce ainsi, que des Dieux on trompe la justice!

La fin de la Piéce a été jouée telle, que l'Auteur l'avoit d'abord desiré; c'est-à-dire que *Clitemnestre* y eſt tuée preſque ſur le Théâtre, ainſi que dans *Sophocle.* La confuſion des Spectateurs avec les Acteurs ſur la Scène, n'ayant plus lieu, on a rétabli ce, que cette abſurde coutume avoit obligé de ſupprimer dans la cataſtrophe,

On n'avancera rien, qui ne confirme le témoignage de tous les Spectateurs, en aſſurant, qu'*Oreſte* a été en général rendu très-ſupérieurement à ce qu'il l'avoit été dans ſa nouveauté. Onze ans d'exercice raiſonné, portent à la perfection des talens déja diſpoſés, pour entraîner tous les ſuffrages. Mlle *Dumeſnil* a été admirable & très-applaudie dans le peu de traits, dont le perſonnage de *Clitemneſtre* eſt ſuſceptible, action de cette Tragédie ne permettant pas, que ce rôle ſoit auſſi intéreſſant que ceux d'*Oreſte* & d'*Electre*.

M le *Kain*, dont le jeu toujours applaudi, eſt particulierement propre à exprimer les ſentimens les plus forts, a trouvé dans le caractère d'*Oreſte*, de quoi developper tout ce que l'art & l'intelligence ajoutent dans un Acteur, à la ſenſibilité naturelle de ſon âme.

Mlle *Huſſé* a montré du feu & de l'intelligence dans le rôle d'*Iphiſe*. Le Public a marqué par ſes applaudiſſemens, ce que gagnent ces ſeconds rôles, lorſqu'ils ſont remplis par des Actrices, auxquelles les grâces de la figure ne font pas négliger l'étude & les ſoins, qu'exige leur talent. M. *Molet* a été vû favorablement dans le rôle de *Pilade*.

F 5 Nous

Nous étions tentés de ne rien dire de Mlle *Clairon*. Il est si embarrassant d'avoir à rendre compte des nouveaux prodiges de cette Actrice; toutes les fois qu'elle joue un nouveau rôle, ou qu'elle en reprend un ancien, que la vérité cesse de devenir vraisemblable. Ceux qui auront été témoins des représentations d'*Oreste*, nous trouveront sans doute beaucoup trop au-dessous des impressions, ou plutôt de l'enchantement qu'*Electre* leur a fait éprouver; ceux que leur absence aura empêché de jouir de ce plaisir, nous accuseront d'exagération. Cependant ce n'est ni le penchant à encherir, lorsqu'on a à parler plusieurs fois du même Sujet, ni l'illusion d'une impression récente, qui nous fait assurer, que Mlle *Clairon* a étonné dans ce rôle par des traits d'un sublime & d'une force de vérité, qui ont paru tout nouveaux. Le caractère & le sentiment perpetuel d'*Electre* n'étant qu'une fureur enflamée contre son Tyran, d'où suit un desir effréné de vengeance; il est inconcevable ce que l'art de cette inimitable Actrice y a placé de nuances, toutes plus frappantes les unes que les autres. D'un sentiment unique elle a trouvé le merveilleux secret d'en faire naître tous les genres d'émotion, qui peuvent enlever l'âme du Spectateur.

RE-

REMARQUES
SUR QUELQUES PASSAGES
D'HORACE
DIFFICILES
À ENTENDRE AUJOURD'HUI
PAR

UN SAVANT DE PROVINCE.

La voix publique attribue cette petite Piece à Mr. de Voltaire, *mais quelques particuliers la croyent plûtot de l'Abbé* Coyer. *Quoiqu'il en soit, nous croyons, qu'on ne sera pas faché de la trouver ici.*

REMARQUES SUR QUELQUES PASSAGES D'HORACE DIFFICILES À ENTENDRE AUJOURD'HUI

PAR

UN SAVANT DE PROVINCE.

Licet ſub paupere tecto
Reges & regum vitâ præcurrere amicos

On s'imagine qu'*Horace* a voulu dire, que ſous un toit couvert de chaume, on poſſédoit plus de richeſſes que ſur le Trône; qu'on étoit plus reſpecté dans une ſimple cabane que ſous des lambris dorés; qu'un Pauvre avoit de plus riches habits, qu'un grand Seigneur; qu'une Payſane avoit plus d'adorateurs qu'une femme de la Cour. On s'imagine cela, & l'on dit tout de ſuite: *Horace* n'a pas raiſon. Mais qu'on y prenne bien garde; ce n'eſt pas de tout cela que *Horace* a parlé, c'eſt du bonheur.

Dulce

Dulce & decorum est pro patria mori.

Ce Passage est un de ceux que j'ai eu le plus de peine à faire entendre à quelques jeunes Militaires, que j'ai eu occasion de voir. Ils ne trouvoient de douceur, qu'à vivre au gré de leurs desirs, de gloire, qu'à séduire une femme, & ils n'avoient pas même l'idée attachée au mot de *Patrie.* Un certain sentiment foible & confus leur faisoit aimer à revoir les lieux de leur naissance; un reste de politesse & d'égard leur faisoit respecter ceux, dont ils tenoient le jour; mais ces mots si doux & si énergiques de Concitoyens & de Patrie, ces mots, qui font naître une espéce d'enthousiasme dans les âmes qui pensent, ils n'y comprenoient rien du tout.

Outre le luxe & les passions, qui toutes vont à rapprocher l'homme de lui-même & à l'éloigner des autres; ce qui a contribué à faire perdre de vue l'acception du mot *Patrie*, c'est cette maxime, que quelques Philosophes prennent tant de soin d'étaler: l'*Univers est la Patrie du Sage.* Ce principe est très-beau; & il seroit à souhaiter que tous les hommes se regardassent, comme ne faisant qu'une même famille, & vécussent en frères; voilà ce qui est vrai. Mais la multitude qui répéte, sans y penser, ce que le Philosophe ne dit qu'après l'avoir bien médité, ne saisit jamais une vérité dans toute son étendue, & ne ne la prend que du côté qui flatte le plus ſes préjûgés. Elle s'eſt donc imaginée, que la patrie de l'homme étant l'Univers, on ne devoit pas plus à ceux, au milieu deſquels on vit ſous le même gouvernement, qu'aux Chinois & aux Hottentots: ce qui eſt évidemment faux.

Je reviens au Paſſage en queſtion. Pour le faire entendre aux jeunes gens, il faut bien leur apprendre, que la vraie douceur, la vraie ſatisfaction ne conſiſtent pas à pouvoir s'enivrer de liqueurs, ſe ruiner au jeu, s'abbrutir dans la débauche, & anéantir ſon âme dans le tumulte des paſſions; que la gloire n'eſt pas le privilége de porter un plumet, de ſe qualifier de Marquis ou de Comte, de mépriſer le Bourgeois, & d'avoir la tête coupée, au lieu d'être pendu comme la canaille; il faut ſur tout leur bien faire ſentir, que la patrie eſt quelque choſe; & au lieu de raiſons, dont ils ne ſont pas toujours capables, frapper leurs oreilles de ces grands noms, qui vivront dans la mémoire des hommes auſſi longtemps, qu'ils conſerveront l'idée de la vertu: leur montrer un *Turenne*, le premier des Héros dans l'art de mener les hommes au combat, expoſant généreuſément ſa vie pour le ſalut de la France, & ménageant le ſang de ſes ſoldats parce qu'ils étoient ſes concitoyens: leur peindre un *Montcalm* expirant

dans

dans des climats éloignés, loin de ses amis & de sa famille; mais sous les yeux de sa patrie, dont l'image échauffoit son courage au milieu des hazards, &c.

En Erudit profond j'aurois dû citer les *Codrus*, les *Decius*, les *Scipions*, & cette foule d'hommes, que nous appellons des héros moins sur la foi de leurs historiens, que sur la parole des Pédans, qui en étourdissent notre enfance; mais (malgré le mauvais exemple de quelques-uns de mes confrères) pour être sçavant, je ne m'en souviens pas moins que je suis François.

O Cives, Cives, quærenda pecunia primum,
Virtus post nummos.

J'ai vû un riche Financier, qui ne savoit de Latin que ce passage, encore le croyoit-il d'un S. Père, tant il y trouvoit de bon sens. Je n'eus pas de peine à le faire convenir, qu'il étoit d'*Horace*; mais il me fut impossible de lui en faire appercevoir le sens ironique: car enfin, me disoit il toujours, avec de l'argent n'a-t-on pas aujourd'hui tout autant de vertu qu'on en veut? On achete l'équité des Magistrats, l'honneur des femmes, la conscience des dévots. Allez, allez, *quiconque est riche, est tout*

Une petite réfléxion philosophique en passant.

Contre une passion puissante,
Cette raison que l'on nous vante

Ne

Ne fait qu'un inutile effort:
Enfin sa voix est touchante;
Dès que le cœur argumente,
La Raison a toujours tort.

Sit mihi prima fides.

Ce n'est pas moi qui le dis, mais je l'entends répéter tous les jours: le Dauphinois aime à tromper; le Normand est habile dans l'art de mentir; le Gascon se plaît à en imposer. Voilà déjà trois grandes Provinces de France d'où la bonne foi est bannie. D'un autre côté on ne cesse de dire qu'on la perd en devenant courtisan; que celle du grand monde est bien foible; que les femmes en ont très-peu, & que le Petit-Maître n'en a point du tout. Peut-être s'est elle retirée parmi le Peuple? Mais on ne convient pas généralement qu'il soit composé d'hommes. Faut-il être surpris après cela, qu'on trouve aujourd'hui tant d'obscurité dans ce passage? Mon commentaire le seroit encore plus; ainsi je le supprime.

Non tu corpus eras sine pectore.

Pour l'intelligence de ceci, il faut savoir que la Philosophie au tems d'*Horace* n'étoit pas, à beaucoup près, au point de perfection où elle est parmi nous. On croyoit alors qu'il y avoit dans l'homme, outre le corps & la matière, une substance totalement différente, capable de sentir & de penser. C'étoit donc un compliment qu'*Horace* faisoit à son

ami,

ami, quand il lui disoit : vous n'êtes point un corps sans âme pour traduire le texte mot à mot. C'est comme s'il lui eût dit : vous ne vous bornez pas à exister ; vous aimez à vivre, à exercer votre âme par la pensée, à l'aggrandir par les connoissances, à l'ennoblir par les sentimens ; en un mot, pour parler le langage de nos Orateurs à antithèses, vous avez, avec les agrémens du corps, toutes les qualités de l'esprit & du cœur.

Ce systême, qui fait l'homme composé d'un corps & d'une âme, me paroît favorable à la belle Poësie. Si quelques Philosophes cherchent à le détruire, je voudrois que les Faiseurs de vers le conservassent toujours dans leur code poëtique, ne fût-ce qu'au même titre qu'ils y conservent les belles fables d'*Homère*.

Virtus est vitium fugere.

Quelle est l'idée de votre *Horace* dans ce passage, me disoit un jour un jeune homme à la môde ? Est-ce que la vertu & le vice sont quelque chose de réel ? Est-ce que toutes ces miséres, à qui le Peuple donne des noms imposans, sont autre chose que les effets du tempérament ou de l'éducation ? Votre Poëte avoit de l'esprit, mais on voit bien, qu'il n'étoit pas grand Philosophe. Allez, mon bon ami ; l'honneur, la probité, le vice, la vertu, grands mots que tout cela. Je voulus répondre ; je voulus par un argument

ment *ad hominem* (pour parler le langage de la Logique, car il faut bien qu'on s'apperçoive à quelque chose, que je suis savant;) je voulus le faire descendre dans son âme, & là lui faire lire ces principes de mœurs que la main du premier Etre a gravés dans tous les cœurs, & qui ne dépendent ni de l'éducation ni des préjugés. Il fit une pirouette, éclata de rire, & toutes les femmes dirent: il a raison.

Ineptus pastillos Rufillus olet.

Il y a deux choses à remarquer ici. La premiere c'est, que le nom de *Ruffillus* est tout seul, & qu'il n'est pas au pluriel, comme nous disons quelquefois les *Mécenes*, les *Pradons* pour désigner les Protecteurs des Lettres, ou les mauvais Ecrivains. Cela prouve, qu'au temps d'*Horace* on ne connoissoit pas cette espéce d'être. que nous connoissons tant nous autres, & que nous distinguons à leurs talons rouges, & à l'elégance de leur coëffure.

Ce point de Chronologie est plus important qu'on ne pense, & je me propose de le développer davantage dans un petit ouvrage, que je publierai incessamment & qui aura pour titre: *Histoire naturelle d'un insecte appellé Petit-Maitre avec les moyens de s'en préserver.*

Ce que je remarque en second lieu, c'est l'épithète d'*Ineptus*. On ne comprend pas à présent qu'elle puisse convenir à un galant homme tel que *Rufillus*

 est

eſt déſigné par ce mot: *Paſtillos olet.* Tout au contraire, nos petites Maîtreſſes & nos Agréables ne manqueroient pas d'en qualifier tout homme aſſez peu élégant, pour n'être pas parfumé de la tête aux pieds.

Il faut donc ſe ſouvenir, que les mœurs de ce temps-là étoient bien différentes des nôtres, & conſéquemment moins eſtimables. Ne vivons-nous pas au dix-huitiéme ſiécle, où l'on eſt *enchanté* de tout, où tout eſt du *dernier parfait*, du *dernier goût*, du *dernier beau &c?*

Quid faciam? Præſcri. Quieſcas.

Il y a en France trois ou quatre mille Faiſeurs de Romans, de Gazettes, de Proſe, de Vers, à qui le goût & le Public, ce qui eſt prèſque la même choſe, répétent tous les jours ce mot d'*Horace: Quieſcas;* & il n'en eſt aucun qui le comprenne. Les gens de ma Province ont ſur cela un Proverbe admirable. *Il n'y a point du plus mauvais ſourd que ceux qui ne veulent pas entendre.*

Moi, qui ne ſuis pas ſourd & qui veux entendre, je me tais. Je trouve que j'ai bien aſſez parlé. Plût à Dieu que le Public ne trouve pas que j'aye parlé trop!

EPI-

EPITRE
À
CLOÈ

EPITRE
À
CLOÈ

Cloe, ce tendre badinage
Ne fait qu'irriter nos desirs.
Occupons-nous des vrais plaisirs,
Laissons la le papillonage.
Auprès de toi je suis heureux;
Mais je puis l'être davantage.
Hier, mes soupirs amoureux
Expiroient deja sur ta bouche:
Je voulus tout tenter; mais sans etre farouche,
Tu repoussas l'Amour égaré dans tes bras:
Je ravis des faveurs & je n'en obtins pas,
L'honneur, ce vain fantôme, effrayoit ta tendresse,
Il dissipoit des feux l'impetueuse adresse:
Doit-il encor t'épouvanter
Ennemi de l'Amour, qu'il ne peut surmonter,
Sans savoir l'obtenir, disputant la victoire,
A combattre il borne sa gloire;
Il est toujours vaincu, mais il veut résister.

Tu m'aimes, je t'adore... Ah! garde-toi de croire
Que ce foible Tyran puiſſe un jour nous dompter;
On le craignoit jadis, & le cœur de nos mères
Ne goutoit qu'en tremblant le bonheur de ſentir;
De ce ſiecle poli les loix ſont moins ſévères;
L'Amour a ſes côtés n'a plus le repentir.
Nous rions aujourd'hui de ces Prudes ſublimes
Qu'effarouche un Amant, qui gênent leurs deſirs;
Et ces plaiſirs ſi doux dont tu te fais de crimes,
Quand on les a goûtés, ne ſont que des plaiſirs.
Va, ton bonheur eſt d'être belle,
Ton devoir eſt d'être fidelle,
Tes loix ſont dans ton cœur, les Amous ſont tes Dieux.
Jeune Cloè, qu'ils ſoient tes guides:
Ce prélude voluptueux
Nous promet des biens plus ſolides,
Il a fatigué ta vertu;
Tu ſens l'ennui de te défendre;
Et l'honneur d'avoir combattu
Hâte toi d'ajouter le plaiſir de te rendre.

VERS ADRESSÉS
À
M. DE VOLTAIRE
MADAME DENIS
ET
Mlle. CORNEILLE.

Le procedé genereux de Mr. de V. envèrs Mlle. Corneille est conuû de tout le Monde; nous nous flattons donc, que des vers consacrés à celebrer cet evenement, ne deplairont pas à nos Lecteurs.

VERS ADRESSÉS À MR. DE VOLTAIRE MADAME DENIS ET MLLE. CORNEILLE.

EPITRE À MADAME DENYS,*

PAR

UN ACADÉMICIEN DES ARCADES.

N'en doutons plus, ce charme de la vie,
Ce calme heureux, ce plaisir pur & doux,
Que promet la Philosophie,
Et que mon cœur n'a trouvé que chez vous,

N'est

* Madame Denis est niéce de Mr. de Voltaire; elle réunit aux qualités qui font aimer son sexe, celle, qui font estimer le nôtre. Depuis la mort d'un epoux qu'elle chérissait, elle consacre la liberté qui lui reste, à vivre auprés de cet on-

N'est point le fruit d'une vertu sauvage,
Qui toujours mécontente, enseigne à tout hair.
L'homme est né pour aimer, c'est son plus beau
partage;
Le Sentiment seul fait jouir.
Mais ni l'or de Crésus, ni les palmes d'Achille,
Ni ces lauriers, dont Homère ou Virgile
Ont paré leurs fronts glorieux,
Ni les tendres langueurs d'un délire amoureux,
Ne calment de nos cœurs les guerres intestines.
S'ils offrent un bonheur, il coute des soupirs;
L'Amitié seule unit tous les plaisirs:
C'est une rose sans épines.
La paix du cœur & le calme des sens
L'Art de voir du même œil le port & le naufrage,
Aimer, se faire aimer, jouir de ses momens,
N'estimer les plaisirs qu'autant qu'ils sont constans
Voila le vrai bonheur; c'est l'idole du Sage.
Il est le prix des vertus, des talens,
Sage Louise, enfin il est votre partage.

Vo-

oncle, aussi respectable par les qualités de son cœur, & la douceur de son commerce, que justement fameux par ses Ecrits.

Votre maiſon eſt le Temple des Arts.
De l'Apollon François, elle eſt le Sanctuaire.
C'eſt en ces lieux que loin des profanes regards
Votre âme ſe nourrit, des leçons de Voltaire.
C'eſt là que tour-à-tour Minerve & les neuf Sœurs,
Sur votre front dépoſent leur couronne;
Mais aux frêles lauriers qu'au Parnaſſe on moiſſonne,
Vous mêlez de plus chéres fleurs:
Vous jouiſſez des droits, que ſur tous les bon cœurs
La confiance ou l'amitié vous donne.
Toujours preſente & chére à vos amis,
Ainſi que vos vertus, ils chantent vos écrits.
Tranquille ſous les yeux de ce vaſte génie,
Dont vos ſoins, vos talens, votre heureuſe douceur.
Soutiennent les travaux, & conſolent la vie,
Et qui n'ouvre qu'à vous, les tréſors de ſon cœur;
Vous vous créez le ſort le plus digne d'envie.
Glorieuſe d'offrir un genereux appui,
Au reſte le plus pur, du ſang du grand Corneille,
Vous voulez, qu'il ſoit digne & de vous & de lui...
Sans doute il le ſera: votre tendreſſe y veille.
Vous faites des heureux, c'eſt le ſouverain bien.
Les deux ſexes enfin vous doivent l'un & l'autre;
Vous avez réuni tous les charmes du votre,
Aux plus rares vertus du mien.

Au Chateau de Ferney, pays de Gex, le 22 Juillet 1761.

EPI-

EPITRE
À
Mlle. CORNEILLE.

O vous d'un nom ſacré, reſpectable héritière,
Vous qui réuniſſez tous les droits ſur nos cœurs,
Fille du grand Corneille, & digne d'un tel père,
Arbriſſeau precieux, que ſous l'œil de Voltaire *
　　Vous couronnez déja de fleurs!
Enfin d'un ſort cruel, vous bravez les rigueurs:
Chaque jour vos plaiſirs croiſſent avec vos charmes,
Que vos premiers malheurs doivent vous être chers!
Qu'il eſt doux de penſer aux maux qu'on à ſoufferts,
Quand la tendre amitié ſéche à jamais nos larmes!
Tout eſt changé pour vous, & vous ne l'êtes pas.
　　Votre cœur, de ſoi toujours maître,
De ſes uouveaux deſtins augmente les appas,

En

* Toutes les perſonnes curieuſes de belles actions & de belles lettres, ne peuvent ignorer que M. de Voltaire a, pour ainſi dire, adopté la niece du grand Corneille; qu'il eleve cette jeune perſonne, & qu'il conſacre, ainſi que Madame Denys, tous ſes ſoins a lui donner une education auſſi utile que brillante.

En beniſſant l'ame qui les fit naître.
Le bonheur trop ſouvent aveugle, il vous inſtruit.
Et toujours au-deſſus du ſort dont il jouit
Ce jeune cœur, en cet illuſtre aſyle.
Qu'ouvrit votre grand nom, que parent vos vertus,
Tel qu'aux vergers d'Evreux * toujours pur & tranquile,
Ne s'eſt permis qu'un ſentiment de plus.
De la naiſſante fleur, que le Soleil colore,
Vous êtes le portrait, vous avez ſa fraîcheur,
Et vous trouvez comme elle un aſtre bienfaiteur.
Dans l'ami généreux que votre cœur honore.
Ce genie immortel, dont les ſavans écrits
Des ſiècles à venir rempliront la memoire,
L'honneur du nom Français, le Dieu de ſes amis,
Et le Peintre des Rois qui lui doivent leur gloire,
Voltaire . . vous trouvez en lui tous vos parens:
Ainſi que le mérite, il en a la tendreſſe.
Ses utiles leçons forment vos jeunes ans.
Et vous conſolez ſa vieilleſſe.
Son front pur & paré de lauriers toujours verds,
A vos yeux innocens ſourit & s'intéreſſe;
Et d'une main de père il vous careſſe,

Lorſ-

* Mlle Corneille eſt ainſi que ſes ayeux originaire de Normandie. Elle eſt née à Evreux, petite Ville de cette Province.

Lorsque de l'autre il instruit l'Univers.
Que du sein du tombeau ta grande âme s'éveille!
Aux cris de l'amitié, réponds, divin Corneille!
Renais, pour te livrer aux transports les plus chers.
Viens embrasser l'ami qui t'appelle son maitre:
Vois ta fille, ton sang, tranquille dans le port,
S'élevér sous les yeux du seul homme peut-être,
Qui merita de rendre heureux son sort.
Il t'adore, il te voit, te cherit dans ta fille;
Ton nom divin se mele à leurs doux entretiens:
Ne faites désormais qu'une même famille;
Comme il chante tes vers, reviens chanter les siens.
Unis par un enfant, que Corneille & Voltaire
Donnent des mœurs au peuple, & des leçons aux Rois.
Qu'aux droits de la Nature, unissant d'autres droits,
Cet enfant tour-a-tour les appelle son Pere . . . . .
Que cet auguste nom est flatteur pour tous trois,
Qu'il seroit beau de voir aux rives de la Seine
De Mérope & du Ciel les sublimes auteurs,
Attacher tous les yeux, enchaîner tous les cœurs
Les pénetrer de la flame soudaine.
Qui devore & nourrit leur âme plus qu'humaine . . .
Où m'emportent, hélas! des desirs trop flatteurs

Ad

Ah ramenez du moins au ſein de ſa patrie,
L'objet de nos regrets, de nos voeux éternels
Embéllifez tous deux cette ville chérie,
Venez, partout vos noms trouveront des autels
Qu'à votre Auguſte aſpect la vertu ſe réveille,
Et qu'à travers les flots d'un peuple admirateur,
Voltaire offre ſon front où reponſe l'honneur,
Et préſente aux français la fille de Corneille.

Au Chateau de Ferney le 24. Juillet 1761.

AUTRE EPITRE
À
Mlle CORNEILLE.

Reſte ſacré de ce beau ſang,
Ce ſang qui produiſit, ſi fecond en merveilles,
Un Fontenelle, & deux Corneilles;
Quel Seigneur, digne de ſon rang
Unira les palmes guerrières,
Dont Mars orna ſon écuſſon,
A ces lauriers héréditaires,
Que tu tiens des mains d'Apollon?

 L'Europe

L'Europe avec respect, la France avec tendresse
Doivent applaudir a ton nom;
La vertu, les talens ont fondé ta noblesse
Corneille grand en tout, méprisa la richesse
La sterile admiration
Ne nous acquitte pas; & ton sors intéresse
L'honneur de notre Nation.
Voltaire de Corneille héritier véritable.
Offre a ce pere vénérable,
De ses travaux, l'hommage glorieux,
De sa famille aussi lui-même il devient pére,
Corneille convient dans les Cieux,
Que le mepris des biens, qui fit son caractére,
N'egale pas encor leur emploi vertueux.

STANCES

A

Mr. de VOLTAIRE.

Quand je lis d'Arouet les pompeuses merveilles,
De ses chants immortels, noble fruit de ses veilles
La touchante douceur, la sublime beauté,
Mon cœur est attendri, mon esprit enchanté.

Qu'une

Qu'une amére critique, une vaine ignorance,
Réprouvent dans ses vers quelque heureuse licence:
D'Oedipe ensanglanté les accens douloureux;
De la tendre Zaire, & le doute & les feux;
La Henriade en main, à chaque vers j'oublie
Les affreux sifflemens des serpens de l'Envie.

Dans un Jardin fleuri, sous un myrthe amoureux;
Je découvre un grand Prince, un Héros généreux,
Qui cedant à l'amour une indigne victoire,
Oublie en ce moment son Dieu, son nom, sa gloire,

Gabrielle à ses pieds, enchaîne ce Héros
Etendu dans ses bras, dans un lâche repos,
Il ne se souvient plus de son ami fidéle,
Des liqueurs furieux . . . il aime Gabrielle.
Sur son sein, dans ses yeux, & trouve des plaisirs
Sans cesse renaissans, ainsi que ses desirs.

La voix de l'amitié sera-t-elle entendue?
Mornay, fidéle ami se presente a sa vue,
Fait parler la sagesse, écarte les Amours.
„Dans de honteux plaisirs languirez vous toujours?
Non, je pas, dit le Prince, interrompant le Sage.
„Hé bien! qu'attendez-vous? . . . montrez votre„
courage . . .

 Ah!

Ah! Mornay n'aimait pas! pouvait-il concevoir
Le malheur des amans, qui cessent de se voir?

Je le sens mieux que lui, Dans mon âme attendrie,
Je partage leurs pleurs d'une amante sans vie;
Dans les bras de l'amour tremblante, sans couleur.
A ses déchiremens, je reconnais mon cœur.

Dieux! quel touchant tableau se présente à ma vue!
Auprés d'un noir cercueil, l'œil en pleurs, l'âme émue,
Merope, aux Dieux vengeurs, fait entendre ces cris;
Punissez Poliphonte, & rendez moi mon fils!

Que tu sais bien, Voltaire, avec une main sûre,
Toucher, frapper le cœur, & peindre la nature!
Et pourrai-je nombrer les chefs d'œuvres divers,
Dont ta plume immortelle enrichit l'Univers?
Brutus, Cesar, Titus, revivent pour nous plaire;
Tout renaît, tout s'anime a la voix de Voltaire,
C'est un talent divin, dont les heureux éfforts,
Enchantent les vivans, & font parler les morts.

Quand aux bords fortunés de l'Amérique plage,
Dans le cœur innocent d'une jeune sauvage,
Il me peint des vertus les naives beautés;
De l'Espagnol hautain les cruels préjugés;

Sur

Sur ses Dieux abbattus, le Mexiquain en larmes,
Pour sa femme & ses fils exprimant ses allarmes,
Je pleure, avec Alzire un funeste revers,
Son trône renversé, son amant dans les fers.

Victime, qu'attendait la Nature offensée,
Par la main de son fils, Sémiramis blessée,
Vient offrir, en mourant, cette utile leçon,
Que pour les grands forfaits, il n'est point de pardon.

Plus grand que ses héros, il reléve leur gloire:
De Charles, de Louïs, enfans de la victoire,
Il m'apprend les vertus, les revers, les projets,
Leur triomphe arrosé du sang de leurs sujets.
Historien brillant, Philosophe, Poëte,
De la Nature, en tout, agréable interpréte,
Il a tous les talens, il sait plaire, attendrir,
On diroit qu'à ses voeux, toujours prompte à s'offrir,

Vénus en souriant, l'orne de sa ceinture;
Que l'Amour à ses vers assigne la mesure;
Que les grâces sans cesse en inspirent l'Auteur,
Et qu'Apollon en lui, reconnait un vainqueur.

ENVOI.

Je consacre ces vers au seul mortel que j'aime,
Au Pere des Talens, à Voltaire, à lui même.
Mais de si faibles vers par lui seront ils lus?
Je le crains, je l'espére, & n'ose rien de plus.
Quelle gloire pour eux, s'il pardonne à mon Zéle,
Un portrait réservé pour le pinceau d'Apelle. *

Eh! qu'importe à ces Dieux qui régissent le Ciel,
De quel lieu vient l'encens qui fume à leur autel?
On peut les adorer sans être témeraire;
Notre hommage est reçu, dès-lors qu'il est sincere.
Ils ne sont point par nous plus grands, ni plus heureux;
Ils sont tous par eux seuls: que pouvons-nous pour eux?

*Par Mlle *** de la Rochelle.*

* *Boileau, Discours au Roi.*

VERS À MADAME D***, QUI HABITE LA MAISON DU GRAND CORNEILLE, QU'ELLE A BEAUCOUP AUGMENTÉE.

Que ton reduit, jeune Douairiere,
Est respectable & gracieux !
C'est un Palais que je révére
A l'égal du Temple des Dieux.

Sous toi, ce Louvre des Corneilles
S'illustre encore & s'embellit :
Sous toi, tout y devient merveilles
Et pour le cœur, & pour l'esprit.

Que ma veine seroit fertile
Dans ce docte & tendre séjour,
Des Arts jadis il fut l'asyle,
Il l'est maintenant de l'amour.

Divine ombre du Grand-Alcée,
Ne regrettes-tu point ces lieux,
Depuis qu'Iris dans ton Lycée
Fait briller son goût & ses yeux ?

Si malgré d'éternels obstacles,
Toi-même revoyois ces bords ;
Ta Lyre, feconde en miracles,
Produiroit de nouveaux accords.

Bientôt de sa gloire nouvelle,
Ta Muse étonnant l'univers
Feroit dans l'ardeur de son Zéle,
Oublier ses premiers concerts.

VERS PRÉSENTÉS À MADAME DENIS PAR MADEMOISELLE CORNEILLE POUR LE JOUR DE SA FÊTE.

A mon Couvent, j'ai lu dans un gros Livre en Vers :
Que le saint Roi Louis, dans un autre Univers,
Eten-

Etendit des Français les malheurs & les armes.
Plus heureuse que lui, votre esprit & vos charmes
Fixent les Arts dans vos déserts.
Votre maison, Maman, est leur empire:
Ils viennent comme moi se ranger près de vous;
D'un regard comme moi ces enfans sont jaloux;
Ils sont glorieux d'un sourire.
Je voudrais que mon cœur, que vous daignez former,
A vos yeux aujourd'hui pût se peindre lui-même;
Mais il ne sçait, Maman, que dire qu'il vous aime,
Vous ne m'avez encore appris qu'à vous aimer.
Cependant l'enfant boude & son âme est chagrine,
Il ose ici vous l'avouer.
Toutes les fois que je veux vous louer,
Chacun me prévient, me devine.
Je gémis en secret d'avoir si peu d'esprit.
Oui, quelque soit pour vous l'eloge que j'apprête,
Jamais ma bouche ne répéte
Que ce que tout le monde dit.
Papa me fâche aussi. Ma peine est sans égale
Quand je lis ses beaux vers, dont mon cœur se nourrit.
Ainsi que ses bontés j'adore son esprit;
Et l'on me dit que j'ai l'Europe pour rivale.
Tout cela finira par me désespérer.

Ainsi

Ainſi l'enfant, pour fuire toute autre coucurrence,
Prétend choiſir dès aujourd'hui
Un ſentiment qui ne ſoit que pour lui:
Vous le devinez bien, c'eſt la Reconnoiſſance.
Je ne veux pas non plus former pour vous des vœux,
Débiter ces grands mots qu'on dit aux grandes Fêtes;
On n'en ſçait pas ſi long dans mon Pays d'Evreux.
Soyez, belle Maman, toujours comme vous êtes;
Je ne crois pas que l'on puiſſe être mieux.

A Ferney, le 25. Août 1761.

Cette naïveté ainſi que les Epîtres à Madame DENIS *& à Mlle* CORNEILLE, *ſont de M.* POINSINET, *le jeune.*

TA-

TABLE DES PIECES
CONTENUES
DANS LE
CINQUIEME RECUEIL.

www.ingramcontent.com/pod-product-compliance
Lightning Source LLC
Chambersburg PA
CBHW060604100426
42744CB00008B/1302

* 9 7 8 2 0 1 2 1 6 9 0 1 2 *